AF558624

CARL TILLESSEN

KONSUM

WARUM WIR KAUFEN, WAS WIR NICHT BRAUCHEN

HarperCollins

9. Auflage 2025
Originalausgabe

Valentinskamp 24 · 20354 Hamburg
info@harpercollins.de
Gesetzt aus der Minion Pro
von GGP Media GmbH, Pößneck
Druck und Bindung von GGP Media GmbH, Pößneck
Printed in Germany
ISBN 978-3-95967-395-2
www.harpercollins.de

INHALT

VORAB

IN EIGENER SACHE

In fast allen Beiträgen über den exzessiven Konsum unserer Gesellschaft – Büchern und Artikeln, Dokumentarfilmen und Fernsehreportagen – wird von der Kanzel gepredigt, dass »man« so auf keinen Fall weitermachen dürfe. Aber »man« ist eben nicht *wir* und damit auch nicht *ich*. »Man« – so klingt es zumindest –, das sind immer die anderen. So als wäre Überkonsum ein Problem von Leuten, die man nicht persönlich kennt.

Aus der Perspektive des Außenstehenden wird uns da zum Beispiel berichtet, dass in Deutschland jedes Jahr rund eine Million Tonnen Altkleider »im Altkleidercontainer landen«. Die Berichterstatter selbst scheinen nicht daran beteiligt zu sein, dass die da »landen«. Vielleicht sind die Verfasser solcher Texte tatsächlich die Ausnahme. Vielleicht kaufen sie nur das Allernötigste und besitzen nur das Allernötigste. Kann ja sein.

In meinem Fall ist das jedenfalls nicht so.

Wenn ich in diesem Buch darüber schreibe, wie wir konsumieren, dann meine ich *wir* und dann meine ich auch mich selbst. Ich kann nicht behaupten, dass mir irgendeiner der hier beschriebenen Auswüchse unseres Konsums fremd wäre. Vielmehr gibt es in diesem gesamten Buch keinen einzigen Auswuchs, bei dem ich mich nicht schon selbst ertappt hätte.

Ich bin Teil des Systems. Ich bin privat Teil des Systems. Und ich bin beruflich Teil des Systems. Und daran wird sich auch nichts ändern. Ich bin kein Aussteiger.

Aber: Je mehr ich mich mit unserem Konsum beschäftige, desto öfter habe ich das Gefühl, von außen auf unsere Konsumkultur zu blicken, wie jemand, der aus einer ganz anderen Kultur kommt – der zum Beispiel in einem ganz anderen Wirtschaftssystem aufgewachsen ist oder in einem sehr viel ärmeren Land. Ich kann nachvollziehen, dass solche Menschen unseren Lebensstil dekadent finden und unseren Konsum krankhaft. Ich kann es nicht nur nachvollziehen, ich stimme dem inzwischen sogar zu. Nicht, weil ich jetzt Dinge weiß, die ich nicht vorher auch schon wusste – oder zumindest hätte wissen können –, sondern weil ich mir all diese Dinge bei der Arbeit an diesem Buch noch einmal in aller Deutlichkeit bewusst gemacht habe. Dadurch kommen mir Verhaltensweisen, die ich früher vollkommen normal fand, jetzt absurd vor. Für mich möchte ich diese Verhaltensweisen ändern. Ich für meinen Teil will nicht mehr der Konsument sein, den ich in diesem Buch beschreibe. Ich habe einfach keine Lust mehr, mir aus absurden Gründen absurde Sachen zu kaufen. Und ich möchte mich wenigstens bemühen, den Schaden zu begrenzen, den mein Konsumverhalten anrichtet, statt durch gedankenlosen Konsum permanent vollkommen unnötigen Schaden anzurichten.

WAS BISHER GESCHAH

In dichter Folge sind zwei Phänomene über uns hereingebrochen, deren Auswirkungen schon einzeln schwer zu verarbeiten gewesen wären, nämlich zuerst die Globalisierung und sofort danach die Digitalisierung.

Das hat auch unseren Konsum auf den Kopf gestellt: Wir kaufen nicht nur mit Devices, die wir früher nicht hatten, auf Kanälen, die wir uns früher nicht vorstellen konnten, bei Händlern, die es früher nicht gab. Wir kaufen auch aus Gründen und Bedürfnissen, die wir vorher nicht hatten, Dinge, die wir vorher nicht brauchten. Vor allem aber kaufen wir Dinge in einer Menge und in einer Frequenz wie nie zuvor.

Durch die gleichzeitige Entfesselung der Handelsflüsse (Globalisierung) und der Kommunikationsflüsse (Digitalisierung) ist sowohl die Bremse als auch die Kühlung unseres Systems ausgefallen. So ist ein äußerst bedenkliches Gemisch aus wirtschaftlicher Konzentration, Vertikalisierung, moderner Sklaverei, kollektiver Kaufsucht, Social Media, E-Commerce und Big Data entstanden. Inzwischen zeigen sich die durchschlagenden Wirkungen und Nebenwirkungen dieses Cocktails. Manche davon sind komisch, manche sind merkwürdig, manche unfassbar und andere fatal. Und viele sind all das gleichzeitig.

TEIL I – GLOBALISIERUNG UND KONSUM

»Menschen wurden erschaffen, um geliebt zu werden.
Dinge wurden erschaffen, um benutzt zu werden.
Dass Dinge geliebt und Menschen benutzt werden,
ist der Grund dafür, dass sich die Welt in Unordnung befindet.«

14. DALAI LAMA

SPIEL OHNE GRENZEN

Globalisierung ist, wenn internationale Geschäfte nicht mehr durch Bürokratie, Zölle und Sprachbarrieren ausgebremst werden. Moderne Logistik und Kommunikation überwinden problemlos jede noch so große geografische Entfernung. Argentinische Himbeeren kommen frisch gepflückt in deutsche Supermärkte, und die E-Mail ist genauso schnell beim Partner in Delhi wie beim Kollegen im Büro nebenan. So weit, so beglückend.

Wenn nationale Grenzen und geografische Entfernungen keine Hindernisse mehr sind, dann können erfolgreiche Unternehmen mit einer nie da gewesenen Dynamik weltweit expandieren. Vor der Globalisierung war es gar nicht möglich, dass Unternehmen so groß werden wie Amazon. Das weltweit größte Unternehmen 2018 (Apple) ist sechzehnmal größer als das größte Unternehmen 1990 (IBM). Allein 2018 sind die hundert teuersten Unternehmen der Welt noch einmal um ein Viertel teurer geworden.[1] Die rasante Konzentration von wirtschaftlicher Macht auf wenige Unternehmen ist eine unerwartete Nebenwirkung der Globalisierung. Es gibt keine Grenzen mehr – für den Handel nicht und für das Wachstum von Unternehmen auch nicht. Aus nationalen Platzhirschen sind Global Player geworden. Und nur diese Global Player im wahrsten Sinne des Wortes können im Globalisierungsspiel überhaupt noch mitspielen. Die Großen werden immer größer. Die Kleinen scheiden aus oder werden geschluckt – eine Entwicklung, die sich jeder staatlichen Regulierung entzieht und unaufhaltsam voranschreitet. In der Mode ist es schon so weit, dass zwanzig Konzerne 97 Prozent der

Wertschöpfung der gesamten Industrie auf sich vereinen.[2] Und die Tendenz ist weiter steigend.

Es wäre naiv, sich auf den Standpunkt zu stellen, dass gegen eine derartige wirtschaftliche Konzentration doch eigentlich gar nichts einzuwenden sei, weil darin doch lediglich der Wille der Menschen zum Ausdruck komme. Zu behaupten, dass Amazon doch nur deshalb so groß sei, weil es die Bedürfnisse der Verbraucher einfach am besten befriedigt, ist zu kurz gedacht. Wenn das so wäre, wäre ja auch die Macht eines Unternehmens wie Nestlé – das regelmäßig wegen Wasserausbeutung, Regenwaldzerstörung, ungesunder Babynahrung und unnötigem Verpackungsmüll in der Kritik steht[3] – legitimiert, weil das Volk es ja quasi in einem basisdemokratischen Prozess zum tollsten Unternehmen gewählt hätte.

Denn so wie eine Demokratie, in der es nur noch eine Partei gibt, eben keine Demokratie mehr ist, ist eine freie Marktwirtschaft, in der es am Ende für jedes Angebot nur noch je einen großen Anbieter gibt, eben keine freie Marktwirtschaft mehr. Es gibt gute Gründe, warum selbst radikal wirtschaftsliberale Länder wie die USA, die sonst alles den Kräften des Marktes überlassen, trotzdem Wettbewerbsbehörden haben, die einschreiten, wenn Unternehmen einen zu großen Marktanteil auf sich vereinen: Wirtschaftliche Konzentration ist nämlich nur kurzfristig betrachtet gut für die Allgemeinheit. Sie ist kurzfristig gut für uns, weil große Unternehmen grundsätzlich effizienter wirtschaften als kleine Unternehmen. Dadurch können große Unternehmen uns vergleichbare Waren und Dienstleistungen immer zu einem günstigeren Preis anbieten als kleine Unternehmen. Und das ist für uns natürlich zunächst einmal ganz fantastisch. Große Unternehmen geben ihren Wettbewerbsvorteil aber selbstverständlich nicht bereitwillig an uns weiter. Sie tun es nur so lange, wie sie es müssen, weil sie sich in einem Konkurrenzkampf mit ebenbürtigen Mitbewerbern befinden. Sobald sie aber diese Konkurrenz hinter sich gelassen und sich einen ausreichend großen Vorsprung verschafft haben, fangen sie an, die Alternativlosigkeit ihres Angebots auszunutzen. Die Erfahrung hat gezeigt, dass Unternehmen mit zu viel Marktmacht diese früher oder später immer missbrauchen, um unfaire Preise und unfaire Konditionen durchzusetzen. So wendet sich die Größe eines Unternehmens langfristig gegen die, die es groß gemacht haben, nämlich die Konsument*innen.

Und obwohl man das schon seit über hundert Jahren weiß, haben die einzelnen Staaten tatenlos zugesehen, wie ihre größten Unternehmen im Zuge der Globalisierung immer größer wurden, denn sie versprachen sich von diesen Riesen-Unternehmen auch Riesen-Steuereinnahmen. Erst als ihnen klar wurde, dass sie den global agierenden Unternehmen nicht nur ein globales Wachstum, sondern auch eine globale Steuerflucht ermöglicht hatten, versuchten sie regulierend einzugreifen. Doch da war es bereits zu spät. Denn da waren die multinationalen Konzerne schon größer geworden als sie selbst. Bereits 1995 waren über die Hälfte der hundert größten Wirtschaftssysteme der Welt nicht mehr Staaten, sondern Unternehmen.[4] 2016 waren es schon über zwei Drittel.[5] Diese Konzerne sind tatsächlich größer und mächtiger als die Nationen und ihre Regierungen. Und die begrenzte Reichweite nationaler Wettbewerbsbehörden reicht schon lange nicht mehr aus, um das entfesselte Wachstum dieser multinationalen Unternehmen zu regulieren. Der Gedanke, dass eine Behörde wie das gute alte Bundeskartellamt dem Wachstum eines Unternehmens wie Amazon Einhalt gebieten könnte, ist geradezu lächerlich.

DAS VERSCHWINDEN DES UNABHÄNGIGEN EINZELHANDELS

Als in den 1970er-Jahren die sogenannten Tante-Emma-Läden von den Supermärkten verdrängt wurden, löste das eine Welle von Solidaritätsbekundungen aus. Es gab zahlreiche private und politische Rettungsversuche. Noch heute wünschen sich über 70 Prozent der Deutschen die Tante-Emma-Läden zurück.[6] Dennoch haben die Selbstbedienungsketten die persönlichen Läden restlos verdrängt – ein Beispiel für einen Wirtschaftsdarwinismus, bei dem sich nicht das beliebteste, sondern das wirtschaftlich überlegene Geschäftsmodell durchsetzt.

Derzeit erleben wir in der Einzelhandelslandschaft, die uns umgibt, eine Veränderung, die sehr viel einschneidender ist, denn sie betrifft nicht nur den Lebensmittelhandel, sondern sämtliche Branchen: Die Megaunternehmen, die in den letzten zwanzig Jahren entstanden sind, breiten sich nicht nur horizontal immer weiter aus. Sie wachsen auch vertikal, indem sie immer neue Glieder der sogenannten Wertschöpfungskette unter ihre Kontrolle bringen, zuallererst den Einzelhandel. Diese Konzerne haben nach und nach aufgehört, ihre Waren an unabhängige Händler zu verkaufen, und stattdessen angefangen, eigene Läden zu eröffnen, weil es für sie lukrativer ist. Nike gab zum Beispiel 2017 bekannt, von ihren 30.000 Einzelhandelskunden in Zukunft nur noch vierzig, also nur noch ein Tausendstel, beliefern zu wollen. Stattdessen würden sie ihre Produkte lieber über eigene Läden und Websites direkt selbst an den Endkunden verkaufen.[7]

Kleidung, Möbel, Elektrogeräte, eigentlich alles haben die Menschen jahrhundertelang ganz selbstverständlich bei einem traditionellen, gut sortierten Fachhändler gekauft. Egal ob Modeboutique oder Einrichtungshaus, die Leistung dieser Geschäfte bestand darin, gekonnt unterschiedlichste Produkte unterschiedlichster Herkunft für uns zu entdecken, auszuwählen und zusammenzutragen. Diese Kunst des »Kuratierens« hatten zuletzt Persönlichkeiten wie Sarah Andelman von der Boutique Colette in Paris zur Meisterschaft gebracht. Sie und viele andere hatten damit eine ganze Gattung sogenannter Concept Stores geprägt, die mit ihrem abwechslungsreichen und inspirierenden Angebot von Mode, Büchern, Gadgets, Kosmetik, Wohnaccessoires und so weiter zu einer eigenen Touristenattraktion geworden waren.

Doch was für die Tante-Emma-Läden galt, gilt auch hier: Es setzt sich nicht immer das beliebteste Geschäftsmodell durch, sondern das wirtschaftlich überlegene. Derzeit erleben wir das Verschwinden der unabhängigen Multimarken-Geschäfte. Sie sind bereits fast ausgestorben. Vom örtlichen Haushaltswarengeschäft bis zu Colette in Paris – die überwiegende Mehrheit der weltweit bestehenden Händler musste bereits schließen. Und dieser Selektionsprozess hat durch die Covid-19-Pandemie noch einmal einen enormen Schub bekommen. Als alle nicht essenziellen Läden wochenlang schließen mussten, gingen unabhängige Einzelhändler mit wirtschaftlichen Vorerkrankungen gleich reihenweise pleite.[8] Nicht nur die kleinen Boutiquen, sondern auch die traditionellen Warenhäuser stehen vor dem Aus. Die Filialen von Kaufhof und Karstadt in Deutschland sind genauso von Schließung bedroht wie die Filialen von Barneys und Neiman Marcus in den USA. Und ein Ende ist noch lange nicht abzusehen.

Der Philosoph Richard David Precht sieht zu Recht »die Biodiversität des Marktes« bedroht.[9] Denn die frei gewordenen Ladenlokale werden schon seit Jahren fast ausnahmslos von vertikal organisierten Monomarken-Läden und großen Filialisten übernommen. Ketten und Flagship Stores haben innerhalb kürzester Zeit auf der gesamten Welt fast jedes vielfältige, individuelle und regionale Angebot verdrängt.[10] Zara zum Beispiel hat seit 2005 durchschnittlich jeden Tag eine neue Filiale eröffnet.[11] Egal ob wir ein Seidentuch im

Hermès-Flagship-Store auf der Edelmeile kaufen oder einen Kinderhochstuhl bei IKEA im Gewerbegebiet, all das sind »vertikale« Einzelhändler, das heißt, von den Herstellern selbst betriebene Geschäfte, die dort ausschließlich ihre eigenen Produkte anbieten. So ist in Deutschland allein in den letzten neun Jahren über ein Drittel der Modehändler vom Markt verschwunden.[12] Aber auch, wenn man ins Ausland fliegt, ist das Angebot inzwischen überall das gleiche. Es gibt selbstverständlich immer noch viele Gründe, nach Paris, Tokio oder New York zu reisen – Shopping ist aber keiner mehr. Denn die liebevoll kuratierten Pariser Concept Stores, die kleinen Läden mit japanischem Kunstgewerbe und die amerikanischen Multibrand Stores mit Designern, die man bei uns nicht kriegt, gibt es nicht mehr.

»NICHT FAIR« IST NOCH VIEL ZU HARMLOS

Die global agierenden, vertikal organisierten Konzerne sind den kleinen und mittelständischen Unternehmen nicht nur am Ende der Wertschöpfungskette überlegen, sondern auch an ihrem Anfang, das heißt, nicht nur im Einzelhandel, wo die fertigen Produkte verkauft werden, sondern auch beim sogenannten Sourcing, also dort, wo die Produkte herkommen. Nur die multinationalen Konzerne haben die Produktionsmengen, das weltweite Netzwerk und die strategischen Spielräume, um immer im jeweils billigsten aller Billiglohnländer einkaufen und produzieren zu können. Für die Konzerne ist die Verlagerung der Fertigung in diese Billiglohnländer äußerst profitabel: Indem sie ihre Waren von unabhängigen Lieferanten im Ausland fertigen lassen, verringern sie ihr direktes Eigentum an Produktionsstätten und ihre gesetzliche Haftung für die Verletzung von Arbeitsstandards. Vor allem aber senken sie dadurch ihre Lohnkosten um bis zu 97 Prozent.[13]

Denn dank ihrer historisch beispiellosen Marktmacht können sie in den Produktionsländern nie da gewesene Mengenrabatte und Dumpinglöhne durchsetzen. In vielen dieser Länder hängt inzwischen die Wirtschaft ganzer Regionen von den riesigen Aufträgen weniger großer Unternehmen ab. Und die Menschen in diesen Ländern wissen sehr wohl, dass diese Global Player ihre gesamten Aufträge sofort abziehen werden, wenn ihnen irgendwo auf der Welt irgendein anderes Land noch niedrigere Löhne und noch geringere Arbeitsrechte bietet. Deshalb unterbieten sich die Produktionsländer in ruinöser Konkurrenz mit immer noch prekäreren Löhnen und immer noch unmenschlicheren Arbeitsbedingungen, um den weltweit niedrigsten Preis anbieten zu können. 1,35 Euro ist zum Beispiel ein gängiger Preis für ein fertiges T-Shirt.[14] Solche Preise wären vielleicht sogar in Ordnung, wenn sie allein dadurch zustande kämen, dass die Lebenshaltungskosten in diesen Ländern extrem niedrig sind und damit auch die Löhne entsprechend niedrig sein können. Sie kommen aber tatsächlich erst dadurch zustande, dass Löhne gezahlt werden, die noch weit unterhalb dieser extrem niedrigen Lebenshaltungskosten liegen. In Ländern wie Bangladesch und Kambodscha legen die Regierungen *selbst* den gesetzlichen Mindestlohn bewusst unterhalb der offiziellen Armutsgrenze fest, um die Aufträge multinationaler Konzerne im Land zu halten.[15]

Auf ihrer Suche nach billigen Löhnen haben sich die multinationalen Konzerne nach und nach die gesamte Welt erschlossen. Und die Regierungen vor Ort haben alles getan, um den Konzernen in ihren Ländern durch minimale Löhne maximale Profite zu ermöglichen. Während sich durch dieses Geschäftsmodell für die Konzerne die Gesamtsituation in den letzten Jahrzehnten kontinuierlich verbessert hat, hat sich für die Arbeiter*innen global betrachtet die Gesamtsituation dramatisch verschlechtert. Durch die Globalisierung ist ein globaler Arbeitsmarkt entstanden, auf dem der Konkurrenzkampf der Länder um die Großaufträge der Konzerne durch internationales Lohndumping ausgetragen wird. Das trifft die Arbeiter*innen doppelt, denn unter dem ständig wachsenden Kostendruck auf die Produktionen verschlechtern sich nicht nur ihre Löhne, sondern auch die Bedingungen, unter denen sie arbeiten müssen. So ist in den letzten Jahrzehnten weltweit eine arbeitsrechtliche Abwärtsspirale entstanden. Die Arbeiter*innen, die nach und nach all ihre Rechte verloren haben, werden zunehmend Opfer von Lohnraub und Unterzahlung (wenn Arbeiter*innen noch nicht einmal den ihnen zugesicherten Dumpinglohn erhalten) und sind den systematischen körperlichen Misshandlungen und sexuellen Übergriffen durch ihre Arbeitgeber schutzlos ausgeliefert.[16]

Wenn man in diesem Zusammenhang nicht nur von »unfairem Handel«, sondern von »moderner Sklaverei« spricht, klingt das zunächst etwas übertrieben. Es ist aber angemessen. Erstens deshalb, weil zum Beispiel Textilarbeiter*innen in den meisten Produktionsländern nur die Hälfte eines existenzsichernden Lohnes verdienen.[17] Und zweitens, weil dabei niemand eine Wahl hat. In der weltweiten Bekleidungsindustrie haben zum Beispiel mehr als 90 Prozent aller Arbeiter*innen keine Möglichkeiten, ihr Gehalt oder ihre Arbeitsbedingungen zu verhandeln.[18] Die Arbeiter*innen, die in Kambodscha Puma-Sneaker zusammenkleben, haben keine Wahl. Und die, die auf sie schießen lassen, wenn sie streiken – so wie es 2014 geschehen ist –, haben ebenfalls keine Wahl.[19] Genauso wenig wie die Arbeiter*innen, die in Burma Kleidung für Lidl nähen. Oder die Leute, die 2018 dort auf sie schießen ließen, als sie für ihre Rechte auf die Straße gingen.[20] Und das sind nur zwei Beispiele für das gleiche, überall geltende Prinzip: Die Menschen an unserem Ende der Welt diktieren einen Preis, und die Menschen am anderen Ende der Welt müssen ihn irgendwie möglich machen, um nicht auch noch den letzten Rest ihrer Existenz zu verlieren.

Wir wiegen uns gerne in dem Glauben, dass so hergestellte Produkte nur ganz ausnahmsweise – und dann auch nur aus Versehen und ohne unser Wissen – den Weg in unsere Einkaufstasche finden. Tatsächlich sind aber Löhne unterhalb des Existenzminimums (nicht nur in der Bekleidungsindustrie) keineswegs die Ausnahme. Sie sind die Regel. Über 90 Prozent der Produkte, die wir kaufen, werden unter unfairen Bedingungen hergestellt.[21] Unser Wohlstand beruht darauf.

Das hören viele Leute natürlich gar nicht gerne. Sie reden sich lieber ein, unser Wohlstand beruhe darauf, dass wir tüchtiger und qualifizierter seien als die Menschen in ärmeren Ländern. Da wir durchschnittlich nur fünfunddreißig Stunden pro Woche arbeiten und IT-Spezialisten aus Indien rekrutieren müssen, ist nachweislich weder das eine noch das andere der Fall. Wir hatten nur Glück, im richtigen Land geboren worden zu sein.

THINK GLOBAL, ACT LOCAL

Es sind Marken, die wir alle kennen. Geschäfte, in denen wir alle kaufen. Unternehmen, für die vielleicht ein Verwandter oder ein Freund von uns arbeitet. Firmen, die in ihren Hauptquartieren Kindergärten einrichten und Tischtennisplatten aufstellen. Firmen, die in ihren Kantinen auch vegane Optionen bereithalten und ihre Stellenausschreibungen so formulieren, dass sich nicht nur zwei Geschlechter angesprochen fühlen dürfen. Es sind coole Marken, die Halfpipes für sozial benachteiligte Jugendliche sponsern, sich in ihren Kampagnen für Female Empowerment starkmachen und auch mal einen Sneaker aus recyceltem Ozean-Plastikmüll auf den Markt bringen.

Es sind solche Firmen, die Menschen in Bangladesch, in Vietnam, in Indonesien, in Kambodscha, in Indien, in China, in Pakistan, in Nigeria und im Kongo unter menschenunwürdigen und gesundheits- oder sogar lebensgefährlichen Bedingungen hundert Stunden pro Woche für sich arbeiten lassen und die ihnen dann für diese Arbeit nur 26 Cent pro Stunde bezahlen,[22] sodass die Arbeiter*innen sich noch nicht einmal in Bangladesch oder in Kambodscha ein Dach über dem Kopf und genug zu essen leisten können.

Diese Unternehmen behaupten zwar, dass sie bei ihren Zulieferern faire Löhne wollen. Sie sind aber überhaupt nicht bereit, dafür zu bezahlen. Egal welche Zahl man als Existenzminimum ansetzt – die Löhne, die die Industrie zahlt, sind noch nicht einmal in der Nähe davon. Eine Studie der *Fair Labour Association* aus dem Jahr 2018 hat zum Beispiel ergeben, dass ein*e durchschnittliche Textilarbeiter*in in Bangladesch 80 Prozent mehr verdienen müsste, bevor er auch nur annähernd das verdient, was die Studie als allervorsichtigsten Richtwert für ein Existenzminimum zugrunde legt.[23] Wir reden hier wohlgemerkt nicht von einem gesetzlichen Mindestlohn, sondern von dem absoluten Existenzminimum. Ein Mindestlohn wäre eine von einer Regierung festgelegte Untergrenze, unter die Löhne nicht fallen sollen. Das Existenzminimum hingegen ergibt sich aus den Kosten für die Dinge, die Menschen zum Leben brauchen, wie Nahrung, Unterkunft, Kleidung und medizinische Versorgung.

Und was für die Löhne gilt, gilt auch für die Arbeitsbedingungen: Seit Jahrzehnten reden die großen Marken von ihrem Engagement für die Rechte der Arbeiter*innen in den Produktionsländern. Wie Untersuchungen zeigen, haben diese Unternehmen aber in all diesen Jahren absolut gar nichts für eine Verbesserung des Arbeitsrechts in den Produktionsländern getan.[24] Selbstverständlich nicht! Warum sollten sie? Diese Konzerne haben nicht das geringste Interesse daran, dass ihre Fertigungskosten steigen, weil sich die Arbeitsbedingungen in den Produktionsländern verbessern.

Im Gegenteil: Die fehlenden Arbeitsrechte und die Dumpinglöhne sind schließlich der Grund, warum sie in diesen Ländern produzieren. In Kambodscha zum Beispiel haben Großunternehmen, die ihre Marktmacht mühelos hätten einsetzen können, um für die Arbeiter*innen bessere Löhne und Arbeitsbedingungen zu erwirken, 2019 aktiv dazu beigetragen, dass ein entsprechender Tarifabschluss nicht zustande kommt.[25]

Es ist sehr aufschlussreich, dass Konzerne, die ihren Änderungswillen regelmäßig öffentlich kundtun, davor zurückschrecken, sich schriftlich zu irgendeiner konkreten Maßnahme zu verpflichten. Nike und Adidas zum Beispiel weigern sich hartnäckig, ACT (Action, Collaboration, Transformation) zu unterzeichnen – eine Absichtserklärung, mit der sie sich darauf festlegen würden, ihre Einkaufspraktiken tatsächlich zu ändern.[26]

Ebenso aufschlussreich ist es, dass Modeunternehmen, die stets betonen, wie sehr ihnen die Arbeitsbedingungen bei ihren Zulieferern am Herzen liegen, noch nicht einmal bereit sind, sich zur Einhaltung der Menschenrechte verpflichten zu lassen. Als der Bundesentwicklungsminister Gerd Müller 2019 einen Gesetzesentwurf einbrachte, der die Einhaltung der Menschenrechte bei der Herstellung von Kleidung sicherstellen sollte, erklärte die Präsidentin des Gesamtverbands *textil + mode* sofort, dass dieses Gesetz die Existenz der deutschen Modeindustrie gefährde: Wenn deutsche Unternehmen jetzt plötzlich die Menschenrechte einhalten müssten, seien sie international nicht mehr konkurrenzfähig.[27] Soso … Eine interessante Äußerung von einem Verband von Unternehmen, die sonst immer behaupten, sämtliche, eventuell vielleicht irgendwann früher einmal vorgekommenen Menschenrechtsverletzungen selbstverständlich schon längst restlos aus ihrer Lieferkette eliminiert zu haben.

GLOBAL-MORAL

Wir sind es gewohnt, mit globaler Ungerechtigkeit zu leben. Wir sind mit dem Wissen aufgewachsen, dass es Länder gibt, in denen Menschen verhungern, und andere Länder, in denen die Menschen im Überfluss leben. Aber durch die Globalisierung hat dieses enorme soziale Gefälle einen neuen Aspekt bekommen: Früher litten Menschen in anderen Ländern Hunger, weil der Boden, auf dem sie lebten, nicht genug hergab, um sie zu ernähren. Heute hungern Menschen in anderen Ländern, weil wir ihnen für ihre Arbeit keinen existenzsichernden Lohn zahlen. Dabei würde zum Beispiel unsere Kleidung nur um ein Prozent teurer, wenn die großen Unternehmen allen beteiligten Arbeiter*innen ein Existenzminimum bezahlen und die gesamten Kosten an uns weitergeben würden.[28]

Die einzige Erklärung – wenn auch keineswegs Entschuldigung –, die es für diese Doppelmoral gibt, ist, dass unsere Anteilnahme mit räumlicher und kultureller Distanz abnimmt. Je näher uns etwas ist, desto mehr geht es uns auch emotional nahe. Je weiter etwas von uns entfernt ist, desto weniger lassen wir es auch emotional an uns ran. Wenn wir sehen, dass Notre-Dame in Paris brennt und wiederaufgebaut werden muss, dann wühlt uns das auf. Wenn wir hingegen lesen, dass die Tempelanlagen im nordirakischen Nimrud unwiederbringlich zerstört sind, nehmen wir das bestenfalls mit Bedauern zur Kenntnis. Die Nachricht von dem islamistischen Attentat auf dem Berliner Weihnachtsmarkt 2016, bei dem 12 Menschen getötet wurden, hat uns traumatisiert. Dass am selben Tag auf einem Markt in Kundus 22 Menschen durch ein islamistisches Attentat getötet wurden, war hingegen für uns offenbar so interessant wie ein Sack Reis, der in China umfällt. Die 12 Toten in Berlin sind uns eben geografisch und kulturell näher als die 22 Toten in Kundus. Eine solche selektive Empathie mag menschlich sein. In Verbindung mit den ökonomischen Verlockungen eines globalen Marktes für billige Arbeitskräfte führt sie aber zu einer humanitären Katastrophe von gigantischem Ausmaß.

Während der Coronakrise stellte der spanische Zara-Mutterkonzern Inditex seine Produktion auf Krankenhauskittel und Schutzmasken um und ließ zur Versorgung seiner Landsleute medizinische Materialien im Wert von Millionen aus China einfliegen. Die spanischen Mitarbeiter*innen des Unternehmens wurden zu ihrer Sicherheit beurlaubt und bekamen ihr volles Gehalt weiter bezahlt. Währenddessen zwang man die Näher*innen in den Zulieferbetrieben in Myanmar, weiterhin für einen Tageslohn von drei bis vier Euro an sechs Tagen in der Woche je elf Stunden auf engstem Raum zusammengepfercht Kleidung zu nähen. Als die Gewerkschaft in zwei Betrieben darum bat, dass die Arbeiter*innen mit Schutzmasken arbeiten dürfen, wurde noch am selben Tag allen 520 Gewerkschaftsmitgliedern fristlos gekündigt.[29]

Durch die Globalisierung können wir jetzt zwar weltweit Geschäfte machen. Zu menschlichen Regungen sind wir aber offenbar nur in unserem direkten Umfeld fähig. Entsprechend skrupellos sind unsere Geschäftspraktiken in der Ferne. So ist für die Menschen, die uns geografisch und kulturell nicht so nahestehen, mit der Globalisierung ein ganz düsteres Zeitalter angebrochen. Die Deals, die wir mit ihnen machen, sind jedenfalls keine Win-win-Geschäfte, wie wir gerne behaupten. Obwohl wir inzwischen global agieren, übernehmen wir aber trotzdem weiterhin nur lokal Verantwortung für unser Handeln. Wir beschäftigen zwar international Menschen, halten uns dabei aber nur national an die Menschenrechte. Während wir in der hiesigen Verwaltungszentrale flache Hierarchien einführen, arbeiten wir in der Produktion in Übersee mit Sklaven. Wir achten sorgsam darauf, dass keiner unserer Landsleute sozial abgehängt wird, haben aber keine

Hemmungen, Menschen in fernen Ländern in bitterer existenzieller Armut zu halten.

Und wir haben noch nicht einmal ein schlechtes Gewissen dabei. Wir entziehen uns unseren humanitären Pflichten, indem wir uns hinter einer veralteten und provinziellen Vorstellung von »Nächsten«-Liebe verstecken. Mag sein, dass es zweitausend Jahre lang genügte, die Menschen in unserer direkten Umgebung zu lieben, um ein guter Mensch zu sein. Die weltumspannenden wirtschaftlichen Verflechtungen sind aber inzwischen so eng, dass wir – direkt (durch Produktionsverträge) oder indirekt (durch unser Konsumverhalten) – auch über die Lebensbedingungen der Menschen am anderen Ende der Welt entscheiden. So stellt uns die Globalisierung vor eine neue und viel dringendere moralische Aufgabe als die der »Nächsten«-Liebe: Wir müssen lernen, auch die, die weit weg von uns sind, also unsere »Fernsten«, wie Menschen zu behandeln.

DAS PROBLEM MIT DER TRANSPARENZ

2013 stürzte in Bangladesch das Fabrikgebäude Rana Plaza ein, in dem vor allem Textilproduktionen untergebracht waren, die für Fast-Fashion-Firmen arbeiteten. Von den Textilarbeiter*innen, die man dort trotz der offensichtlichen und akuten Einsturzgefahr des Gebäudes zur Arbeit gezwungen hatte, wurden bei dem Unglück 1.135 getötet und 2.438 schwer verletzt. Jedes Jahr am 24. April, dem Jahrestag der Rana-Plaza-Katastrophe, protestieren Menschen gegen die Missstände hinter den Kulissen der Bekleidungsindustrie. Sie tragen ihre Kleidung mit dem »Made in«-Schild nach außen und fordern von den Herstellern mehr Transparenz mit dem Slogan »Who made my clothes?« – eine rhetorische Frage, auf die sie von den Modekonzernen selbstverständlich keine konkrete Antwort erwarten können. Diese Transparenz gibt es nicht, und es wird sie auch für uns nie geben. Weder die Hersteller von Kleidung noch die Hersteller irgendwelcher anderen Konsumprodukte werden jemals vollständig offenlegen, von wem, wie und unter welchen Bedingungen ihre Produkte produziert werden. Warum sollten sie? Im Restaurant lässt man uns schließlich auch nicht in die Küche. Wenn wir in einem Laden ein Produkt kaufen, ist die einzige Information, die wir über seine Herstellung haben, in welchem Land es produziert wurde. Und wenn wir online kaufen, noch nicht einmal mehr das.

Eines ist aber sicher: Wenn wir uns ein T-Shirt zu einem regulären Preis von 2,99 Euro kaufen, haben wir die hundertprozentige Garantie, dass dieses T-Shirt unter sklavereiähnlichen Bedingungen hergestellt wurde. Bei einem so niedrigen Preis können keine Arbeitsstandards eingehalten und den Näher*innen kann kein Existenzminimum bezahlt worden sein.

Das billigste Produkt zu kaufen und dann über die entsetzlichen Zustände in den Produktionsstätten schockiert zu sein, ist so wie den billigsten Flug zu buchen und sich dann darüber zu wundern, dass das Sandwich an Bord nicht schmeckt. Wahrscheinlich wären wir alle bereit, etwas mehr dafür zu bezahlen, dass wir dann an Bord ein leckeres Sandwich bekommen. Trotzdem buchen wir das nächste Mal wieder einfach den billigsten Flug. Genauso würden wir wahrscheinlich auch alle behaupten, dass wir bereit sind, etwas mehr dafür zu zahlen, dass die Produkte, die wir kaufen, unter erträglichen Bedingungen hergestellt werden. *In der Theorie* ist man bereit, die paar Cent mehr zu zahlen. In der Praxis tut man es aber nicht. Stattdessen guckt man auch weiterhin nach dem günstigsten Preis, ohne sich jemals zu fragen, wie dieser Preis zustande kommt: Wenn jemand zum Beispiel für Kinderkleidung lieber nicht so viel Geld ausgeben will, weil Kinder da ja nach ein paar Monaten immer schon wieder rausgewachsen sind, und wenn er deshalb mit seinem Kind zum Hosenkauf in einen Laden geht, in dem man schon für 9,90 Euro echt coole Kinderjeans bekommt, dann kann er auch nicht von sich selbst behaupten, dass er bereit gewesen wäre, ein paar Cent mehr zu zahlen, dafür dass solche Kleidungsstücke unter weniger entsetzlichen Bedingungen hergestellt werden. Denn sein Verhalten zeigt das exakte Gegenteil.

Und so lange wir uns so verhalten, so lange Menschen allwöchentlich die Preise von Kaufland und Lidl vergleichen und dann massenhaft dahin gehen, wo es noch ein paar Cent billiger ist, und so lange Primark rasant Marktanteile gewinnt, weil die Kleidung dort noch ein paar Cent weniger kostet als bei H&M, so lange also in diesem gigantischen Verdrängungswettbewerb solche Centbeträge über Sieg und Niederlage entscheiden, werden die Unternehmen ihre Lieferanten auch weiterhin bis auf den letzten Cent ausquetschen.

Wenn wir – um auf das Beispiel zurückzukommen – das T-Shirt für 2,99 Euro kaufen, fördern wir die skrupellose Ausbeutung von

Menschen also gleich zweifach: Erstens unterstützen wir durch unseren Kauf ein Unternehmen, das mit Sklavenarbeit produzieren lässt. Und zweitens signalisieren wir der Industrie, dass dieser Endverbraucherpreis – der nur durch Sklavenarbeit möglich ist – der maximale Preis ist, den wir jetzt und in Zukunft für ein T-Shirt auszugeben bereit sind. Wir könnten uns den Kaufbeleg für das T-Shirt rahmen lassen und an die Wand hängen, denn er macht uns zu einem zertifizierten Unterstützer von moderner Sklaverei.

Wenn man sich hingegen entschließt, sich nicht das in Fernost produzierte 2,99-T-Shirt bei Primark zu holen, sondern bei Peek & Cloppenburg ein »Marken-T-Shirt« zum Beispiel von Hugo Boss für 29,90 Euro zu kaufen, das mit »Made in Europe« wirbt, dann könnte dieses T-Shirt unter Arbeitsbedingungen hergestellt worden sein, die annähernd unseren Vorstellungen von europäischen Standards entsprechen. Es könnte. Wahrscheinlicher ist aber, dass dieses T-Shirt in der Türkei oder in einem osteuropäischen Land wie Bulgarien, Rumänien oder Kroatien genäht wurde, wo die ausgezahlten Löhne erschreckenderweise noch weiter von existenzsichernden Löhnen entfernt sind als in den asiatischen Produktionsländern[30] und systematisch gegen Menschenrechte verstoßen wird.[31]

Wenn man sich aber stattdessen für 299 Euro ein T-Shirt von einer Luxusmarke wie Gucci oder Prada leistet, in dem explizit »Made in Italy« steht, hat man bereits eine deutlich höhere Wahrscheinlichkeit, dass dieses T-Shirt unter fairen Bedingungen hergestellt wurde. Eine Gewissheit hat man aber trotz allem nicht. Ziemlich wahrscheinlich sogar wurde der Stoff trotzdem in Bangladesch gestrickt und gefärbt. Und vielleicht wurde das Kleidungsstück trotzdem in einem chinesischen Sweatshop gefertigt – nur eben nicht in einem chinesischen Sweatshop im chinesischen Wenzhou, sondern in einem chinesischen Sweatshop im italienischen Prato, in dem illegale Einwanderer ohne jeden sozialen Schutz arbeiten müssen. Ein Journalist des The New Yorker hat sich einmal angesehen, was es konkret bedeutet, wenn in einer Gucci- oder Prada-Tasche »Made in Italy« steht:

»In Pratos Chinesen-Viertel, direkt außerhalb der Stadtmauern, fiel mir auf, dass viele Fenster mit Tüchern abgehängt waren. Ich erfuhr, dass hinter einigen dieser Fenster illegale Ausbeutungsbetriebe seien. Die Mitarbeiter, die am Eingang standen, ließen mich reingehen. Das Gebäude, dessen Inneres fast so groß wie ein Fußballfeld war, hatte einen offenen Grundriss. Obwohl Sonntag war, nähten und bearbeiteten im Licht von Neonröhren Reihen von chinesischen Frauen und ein paar Männer Leder. Die Arbeit schien hart, aber vor allem schien sie endlos. Einige Leute schliefen mit dem Kopf auf den Tischen ihrer Nähmaschinen. Ihre Kinder spielten in den Ecken oder sahen fern.«[32]

Auch das T-Shirt, das in Westeuropa gefertigt wurde und für das wir einen mehr als angemessenen Preis bezahlt haben, könnte von einer Frau genäht worden sein, die hundert Stunden pro Woche arbeitet, sich aber trotzdem von einer Schale wässrigem Reis mit grünem Chili ernähren und auf dem nackten Betonfußboden schlafen muss[33] und die an ihrem Arbeitsplatz Schlägen und sexuellem Missbrauch ausgesetzt ist.[34] Wir wissen es nicht. Wir können es nicht wissen. Weder der Preis, den wir bezahlen, noch das Land, in dem das Produkt hergestellt wurde, verraten es uns.

Dass es moderne Sklaverei auch in Europa und auch in Deutschland gibt, wurde offenbar, als wir während der Coronakrise einen kurzen Einblick in die Parallelwelt der osteuropäischen Arbeitskräfte bekamen, die bei uns Gemüse ernten und Tiere schlachten. Dabei wurde klar, dass das Recht auf körperliche Unversehrtheit durch Social Distancing bei Weitem nicht das einzige Menschenrecht ist, das hier systematisch verletzt wird.

Egal in welchem Land ein Produkt hergestellt wurde und wie viel es kostet, wir können fast nie sicher sein, dass für das Produkt, das wir kaufen, keine Menschen ausgebeutet wurden, weil wir nie wissen, wie viel von dem Geld, das wir für das Produkt bezahlen, bei denen ankommt, die es herstellen. (Bei einem Kleidungsstück, das in Bangladesch genäht und bei uns verkauft wird, sind es zum Beispiel durchschnittlich nur zwei Prozent.[35]) Die Gewissheit, dass es bei der

Herstellung fair zugegangen ist, haben wir nur, wenn ein Produkt explizit als »Fairtrade« gekennzeichnet ist. Aber das ist nur ein Promille der Waren, die uns täglich angeboten werden.[36] Bei den restlichen 999 Promille können wir zwar von einem unzureichenden Preis auf unzureichende Arbeitslöhne schließen. Wir können aber nicht von einem angemessenen Preis auf angemessene Arbeitslöhne schließen. Ein angemessener Preis ist eine notwendige, aber leider keine hinreichende Bedingung für existenzsichernde Löhne. Wenn wir für ein Produkt einen angemessenen Preis bezahlen, schaffen wir aber zumindest schon einmal die theoretische Möglichkeit, dass die Menschen, die das Produkt hergestellt haben, von ihrem Lohn ein menschenwürdiges Leben führen können. Dadurch haben wir moderne Sklaverei dann zwar nicht mit Sicherheit verhindert, wir haben sie aber wenigstens nicht wissentlich unterstützt und gefördert.

KONSUM ALS TEILHABE

Erst durch die Globalisierung und ihre Konsequenzen ist es möglich geworden, dass uns alle Produkte zu so sensationell günstigen Preisen angeboten werden können. Die neu entstandenen multinationalen Konzerne geben den Großteil ihrer zahlreichen Wettbewerbsvorteile an uns weiter. Dadurch ist plötzlich fast alles für fast jeden von uns erschwinglich geworden.

So haben wir an unserem Ende der Welt auf Kosten des anderen Endes der Welt tatsächlich das große Ziel unserer sozialen Marktwirtschaft erreicht: Wohlstand für alle! Die Demokratisierung des Luxus. Egal ob Eier, Kaffee und Tomaten oder Kaschmirpullover, Champagner und Smartphones – von allem gibt es eine so billige Variante, dass sich (von wenigen Ausnahmen abgesehen) plötzlich jeder alles leisten kann. Und das Beste daran ist: Die billige Variante sieht noch nicht einmal billig oder simpel aus. Das Aluminiumgehäuse des Nokia 3 ist richtig hochwertig verarbeitet, der Aldi-Champagner schmeckt hervorragend, und der Kaschmirpullover von Uniqlo fühlt sich wirklich gut an.

Eine solche Situation hat es in der Geschichte der Menschheit noch nie gegeben. Auch bei uns ist es noch nicht so lange her, dass nur die Besserverdienenden sich einen Fernseher leisten konnten, dass nur reiche Leute sich nach der neuesten Mode kleiden konnten und so weiter. Es ist noch nicht so lange her, dass ein Großteil der Menschen in Deutschland nur mit gesenktem Kopf durch die Innenstadt geschlichen ist. Die vollen Einkaufstüten der anderen machten diesem Teil der Bevölkerung unmissverständlich klar, dass sie auf der Verliererseite der Gesellschaft standen. Und die Auslagen der Schaufenster zeigten ihnen nur, was sie sich alles nicht leisten konnten und auch niemals würden leisten können. Diese Menschen fühlten sich nicht nur abgehängt, sie waren es. Und es ist nachvollziehbar, dass sie jetzt durchdrehen, wenn sie in einer Primark-Filiale stehen und ihnen klar wird, dass sie gar nicht so viel tragen können, wie sie kaufen könnten. (Sie versuchen es natürlich trotzdem.)

Das ist der Moment, in dem sich zeigt: Keine gesellschaftliche Teilhabe bedeutet uns so viel wie die Teilhabe am Konsum. Es ist kaum zu ermessen, wie wichtig es für die Steigerung und den Erhalt unseres Selbstwertgefühls ist, sich genauso viel kaufen zu können wie alle anderen. Nicht nur die Zufriedenheit jedes Einzelnen hängt davon ab, dass auch er sich ein Smartphone und Markensneaker kaufen kann. Der soziale Frieden in der westlichen Welt beruht darauf, dass sich alle ein Smartphone und Markensneaker leisten können. Denn solange jeder ein Smartphone und Markensneaker hat, merken die Leute gar nicht, dass die Schere zwischen Arm und Reich kontinuierlich immer weiter auseinandergeht.

BECAUSE WE CAN

Die Tiefstpreise, die durch die Verlagerung der Produktion in die Billiglohnländer zustande kommen, haben zu einer rasanten Beschleunigung des Konsums geführt: So hat sich beispielsweise der globale Konsum an Kleidung seit 1960 verneunfacht.[37] Seit 1980 versechsfacht.[38] Allein zwischen 2000 und 2015 hat sich die verkaufte Menge noch einmal verdoppelt.[39]

Das ist das Gesetz der Nachfrage: Wenn der Preis sinkt, steigt die Nachfrage. Wenn der Preis extrem fällt, steigt auch unsere Nachfrage extrem. Sie steigt immer weiter, auch wenn sich an unserem Bedarf eigentlich gar nichts geändert hat. Wenn man zum Beispiel Lesebrillen plötzlich nicht mehr für 150 Euro beim Optiker kaufen muss, sondern schon für 2,90 Euro in der Drogerie bekommen kann, dann hat man eben in jedem Zimmer eine. Warum auch nicht? So kaufen immer mehr Menschen immer häufiger immer mehr Produkte.

Aber wir kaufen nicht nur mehr und häufiger von dem, was wir sowieso schon immer gekauft haben. Wir entdecken auch lauter neue Formen des Konsums. Weil wir es jetzt können, kaufen wir Dinge, die wir früher nie gekauft hätten – zum Beispiel ironische Geschenke nur für den lustigen Moment des Überreichens, Outfits für einen Abend, provisorische Möbel, bis die richtigen Möbel geliefert werden, und so weiter. So bedient das niederschwellige Angebot, das Zara, IKEA, Tchibo und Co. uns machen, vor allem eine zusätzliche Nachfrage, die sie durch ihr niederschwelliges Angebot überhaupt erst geschaffen haben.

Die unfassbar niedrigen Endverbraucherpreise, die die neuen, global agierenden, vertikal organisierten Konzerne machen können, erlauben es uns, nicht nur die Produkte zu kaufen, die wir brauchen, sondern auch all die Produkte, die uns irgendwie »ansprechen«. Ohne finanzielle Reue können wir jetzt regelmäßig reine Lustkäufe tätigen. Wenn wir eine Sache kaufen, müssen wir nicht mehr auf eine andere Sache verzichten. Dadurch wird unser Konsum von Tag zu Tag weniger rational. Noch nie in der Geschichte der Menschheit hatte der Erwerb von Dingen so wenig mit der Deckung eines greifbaren Bedarfs zu tun.

Eine durchschnittliche Tankstelle hat in ihrem Shop nur zirka zwei Quadratmeter Verkaufsfläche für alles, was nicht Lebensmittel ist. Warum sollte man diese kostbare Fläche auf nützliche und dringend notwendige Dinge wie Eiskratzer und Ersatzleuchtmittel für Scheinwerfer verschwenden, wenn man mit einem Ständer mit Rückspiegel-Diddl-Mäusen und einem Regal voll Verschiedene-Berufe-Quietscheentchen viel mehr Umsatz machen kann?

Von all den unendlich vielen Waren, die große Warenhäuser führen, präsentieren sie auf ihrer wichtigsten Fläche, dem Erdgeschoss, ausgerechnet die entbehrlichsten, nämlich Parfums.

Die Frage nach dem Brauchen ist nebensächlich geworden. Das bloße Wollen hat sich zum Motor unserer Wirtschaft entwickelt. Alles, was wir über den Homo oeconomicus, der nach Maximierung seines Nutzens strebt, gelernt haben, können wir vergessen, denn er ist ausgestorben. Ein Nutzen ist nicht mehr die Voraussetzung für den Erfolg eines Produkts. Im Gegenteil: Ein nützliches Produkt macht uns bestenfalls zufrieden. Aber erst das, was über den Nutzen hinausgeht – der Luxus – macht uns glücklich. Ein Staubsaugerbeutel macht uns keine Freude, eine Duftkerze schon. Sich versorgen ist noch nicht shoppen. Das echte, das richtige Einkaufen beginnt für uns überhaupt erst da, wo es für frühere Generationen aufhörte, nämlich, wenn man sich mit dem Notwendigen und Sinnvollen versorgt hat und anfängt, sich etwas zu gönnen, sich selbst etwas zu schenken.

UNERKLÄRLICHE PREISE

Mit dem Fortschreiten der Industrialisierung im 19. Jahrhundert konnte vieles maschinell produziert werden, was vorher in Handarbeit angefertigt werden musste. Dadurch wurden viele Gebrauchsgegenstände plötzlich erschwinglich, die bis dahin sehr kostspielig gewesen waren. Die Preise fielen zum Teil so schnell und so stark, dass die Menschen das Gefühl hatten, die neuen Preise würden dem Wert der Dinge gar nicht mehr gerecht. »Heutzutage kennen die Leute von allem den Preis und von nichts den Wert«, schrieb Oscar Wilde damals.[40] Man kann sich vorstellen, dass zum Beispiel Nägel, die aus einem Stück Eisen einzeln von Hand geschmiedet wurden, einen vollkommen anderen Preis hatten, als Nägel, die maschinell aus Draht gestanzt werden.

Aber manche Sachen lassen sich eben nicht maschinell herstellen. Das Nähen von Kleidung zum Beispiel lässt sich partout nicht automatisieren, weil Kleidung nie über einen längeren Zeitraum gleich hergestellt wird, sondern in ständig wechselnden modischen Varianten. Bis heute steckt in Kleidung sehr viel menschliche Arbeit. Deshalb sind solche »lohnintensiven« Produkte – im Gegensatz zu anderen, komplett maschinell produzierbaren Produkten – im Zuge der Industrialisierung fast gar nicht billiger geworden.

Und selbstverständlich waren diese lohnintensiven Produkte die ersten, deren Herstellung vollständig in Billiglohnländer verlegt wurde, sobald sich die Möglichkeit dazu bot. 1999 wurde zum Beispiel noch die Hälfte der Kleidung, die in den Vereinigten Staaten getragen wurde, auch in den Vereinigten Staaten hergestellt. 2015 waren es nur noch verschwindende zwei Prozent.[41] Während der Industrialisierung waren die Preise dieser Produkte fast konstant hoch geblieben. Im Zuge der Globalisierung fielen dann aber genau diese Preise besonders schnell. Sie fielen nicht nur besonders schnell, sondern auch besonders heftig, weil die für diese Produkte so entscheidenden Lohnkosten extrem gesenkt werden konnten. Wenn zum Beispiel eine Modefirma die Fertigung ihrer Kleidung 2015 von Deutschland nach Bangladesch verlegte, hatte sie von einem Tag auf den anderen nur noch drei Prozent der vorherigen Lohnkosten. Denn der Mindestlohn in der Textilindustrie in Deutschland war damals acht Euro und 50 Cent pro Stunde,[42] der in Bangladesch nur 26 Cent pro Stunde.[43]

Für uns Konsument*innen blieben diese Vorgänge hinter den Kulissen ebenso undurchsichtig wie die Automatisierungsprozesse, die dazu geführt haben, dass eine Plastiktüte im Supermarkt nichts kostet. Wir erlebten nur ein gänzlich unerklärliches Absacken von Preisen. Besonders bei Kleidung schien der Preis ins Bodenlose zu fallen. Plötzlich gab es T-Shirts für 2,99 Euro.

Um ein T-Shirt herzustellen, muss man zunächst einmal Baumwolle säen, bewässern und zu einer Pflanze großziehen. Ist die Pflanze dann ausgewachsen, muss die Baumwolle meist mühselig von Hand geerntet werden. Danach wird sie gereinigt, gekämmt, zu Garn versponnen und schließlich zu einem Stoff verstrickt, der dann gefärbt wird. Der fertige Stoff muss zugeschnitten und zu dem T-Shirt verarbeitet werden. Das fertig genähte T-Shirt wird oft noch gewaschen und bedruckt, bevor es mit einem Etikett versehen, verpackt und einmal um die halbe Welt geschickt wird. Im Laden angekommen muss es ausgepackt und dekoriert werden.

Sobald unser Gehirn versucht, all diesen Aufwand mit dem Preis von 2,99 Euro zusammenzubringen, schaltet es sich automatisch ab und startet neu wie ein überfordertes Elektrogerät. Es gelingt uns einfach nicht. 4,95 Euro für ein Kleid; 5,99 Euro für einen Beistelltisch; 6,75 Euro für einen Wasserkocher – solche Preise sind und bleiben für uns unverständlich und unfassbar. Im Gegensatz zu den Menschen in den Zeiten der Industrialisierung haben wir nicht nur das Gefühl, dass die Preise der Dinge nicht mehr ihrem Wert entsprechen. Sie tun es tatsächlich nicht.

Denn selbstverständlich ist ein Kurzarm-T-Shirt weniger wert als ein Langarm-T-Shirt in gleicher Qualität. Und selbstverständlich ist ein Kurzarm-T-Shirt erst recht mehr wert als eine Tasse Kaffee. Deshalb war vor der Globalisierung auch der Preis für ein Kurzarmshirt niedriger als der für ein entsprechendes Langarmshirt. Und deshalb kostete ein T-Shirt auch mehr als eine Tasse Kaffee. In sich war das Preisgefüge einigermaßen stimmig. Damals. Als noch alles im Inland hergestellt wurde. Doch die Globalisierung der Herstellung vieler alltäglicher Konsumgüter hat unsere Warenwelt auf den Kopf gestellt. Unser gewohntes Preisgefüge ist an vielen Stellen weggebrochen wie eine unterspülte Straße. Heute kann es sein, dass ein Kurzarmshirt das Zwanzigfache eines Langarmshirts kostet, weil das Kurzarmshirt aus der Schweiz kommt und das Langarmshirt aus China. Wir zahlen zwei Euro für das in Brasilien genähte T-Shirt und direkt danach fünf Euro für den im innerstädtischen Coffee-Shop aufgeschäumten Caramel-Latte. Das fühlt sich nicht nur falsch an, das ist falsch.

Als wir noch in unserer kleinen nationalen Welt lebten, waren Preise nachvollziehbar. Wenn es um Preise ging, konnten wir uns auf unser »Gefühl« verlassen. Wir konnten die Preise von Waren schätzen, indem wir grob den zur Herstellung eines Gegenstandes notwendigen Aufwand an Material und Arbeit schätzten. Dann gestanden wir Hersteller und Händler noch eine angemessene Marge zu, und schon hatten wir den ungefähren Preis. Mal lagen wir ein bisschen zu hoch, dann erschien uns eine Ware günstig. Mal schätzten wir ein bisschen zu niedrig, dann kam sie uns teuer vor. Aber ganz falsch lagen wir selten mit unserer Formel: Material + Arbeit + Marge = Preis.

Doch durch die Globalisierung ist für uns aus dieser einfachen Überschlagsrechnung eine Gleichung mit vier Unbekannten geworden. Keine einzige Zahl aus der Formel können wir mehr schätzen. Denn die Materialpreise, Löhne und Margen kennen wir ja nur in unserer Heimat. Wir haben aber keine Ahnung, was Material in

Uganda kostet, welche Löhne in Malaysia gezahlt werden und wie ein irisches Unternehmen kalkuliert. Vor der Globalisierung bestimmte der Wert einer Sache ihren Preis. Heute hingegen bestimmen die Produktionsbedingungen am anderen Ende der Welt den Preis der Dinge. Der *Wert* einer Sache war für uns nachvollziehbar. Die Produktionsbedingungen am anderen Ende der Welt sind es nicht. Wenn wir ehrlich sind, ist für uns kein einziger Preis mehr nachvollziehbar.

Und weil wir uns die Preise ohnehin schon lange nicht mehr erklären können, versuchen wir es auch gar nicht erst. Solange der Preis sinkt, stellt man sowieso lieber keine Fragen. Wenn der Ölpreis steigt, wird darüber in Fernsehtalkshows diskutiert, wenn er sinkt, nicht. Niedrige Preise – selbst unfassbar niedrige – nehmen wir einfach hin. Wir gewöhnen uns daran, dass zwischen dem von uns »empfundenen« Wert der Waren und ihrem Preis kein erkennbarer Zusammenhang mehr besteht. Wir hören auf, ständig den *eigentlichen* Wert und den *tatsächlichen* Preis eines Produkts miteinander zu vergleichen, so wie wir irgendwann aufgehört haben, von Euro in D-Mark umzurechnen. Früher oder später gestehen wir uns ein, dass unser Gefühl für den Wert der Dinge uns schon lange nichts mehr nützt, und schalten es einfach ab.

PREIS UND WERT

Aber wir müssen ja trotzdem weitermachen und permanent Kaufentscheidungen treffen. Und weil wir das Vertrauen in unser Gefühl für den Wert der Dinge verloren haben und daher den Wert der Sachen nicht mehr einschätzen können, orientieren wir uns immer mehr an ihrem Preis. Wir haben uns abgewöhnt, von dem Wert einer Sache auf ihren Preis zu schließen. Aber nichts auf der Welt kann uns abgewöhnen, von dem Preis einer Sache auf ihren Wert zu schließen. Das sitzt zu tief.

Experimente haben gezeigt, dass sogar unser Körper auf Produkte unterschiedlich reagiert, je nachdem, wie viel sie kosten:

Die Neuroökonomin Hilke Plassmann hat die Gehirnaktivitäten bei einer Weinverkostung gescannt. Was die Teilnehmer nicht wussten, war, dass man ihnen manchmal den gleichen Wein zweimal gab – einmal mit einem hohen Preis (80 Euro) und einmal mit einem niedrigen Preis (10 Euro). Wenn der Wein teurer war, schmeckte er den Teilnehmern nicht nur deutlich besser, sondern löste auch im Belohnungszentrum des Gehirns eine ausgeprägtere Aktivität aus.[44]

Ein verwandtes Experiment des Verhaltensökonomen Dan Ariely hat gezeigt, dass auch die belebende Wirkung ein und desselben Energy-Drinks schwächer war, wenn er den Probanden zu einem niedrigeren Preis angeboten wurde, weil mit dem Preis automatisch auch die Erwartung an seine Wirksamkeit sank.[45]

ENTWERTUNG DURCH PREISVERFALL

Wenn uns am Black Friday plötzlich alle möglichen Dinge für die Hälfte angeboten werden, fragen wir uns unwillkürlich, ob man all diese Dinge nicht im Grunde die ganze Zeit für 50 Prozent des ursprünglichen Preises hätte anbieten können. Es drängt sich einem der Gedanke auf, dass all diese Dinge vorher viel zu teuer und ihr Geld sowieso nicht wert waren – ein Reflex, den man kaum unterdrücken kann. Mit dem Preis der Dinge fällt schlagartig auch unsere Wertschätzung der Dinge.

Dass unsere Wertschätzung der Dinge sinkt, sobald ihr Preis sinkt, konnte man im Zuge der Globalisierung im ganz großen Stil beobachten. Die Preise für viele Konsumgüter sind durch die Verlagerung ihrer Herstellung in Billiglohnländer erdrutschartig gefallen. Und ebenso erdrutschartig sind diese Dinge in unserer Achtung gefallen. Je billiger die Dinge durch die Globalisierung für uns werden, desto wertloser erscheinen sie uns und desto achtloser gehen wir mit ihnen um. Und logischerweise werden – durch billige Löhne – lohnintensive Produkte ganz besonders viel billiger. Das heißt: Je mehr menschliche Arbeit ein Produkt erfordert, desto größer ist die Fallhöhe im Preis und damit im Ansehen.

Anfang der 1970er-Jahre war Kleidung noch so teuer, dass man zehn Prozent seines verfügbaren Einkommens aufwenden musste, um sich einigermaßen anständig einzukleiden.[46] Die Dinge, die man sich derart vom Munde abgespart hatte, bezeichnete man damals respektvoll als »Kleidungsstücke«. Und seine Kinder ermahnte man, mit ihren »Anziehsachen« sorgsam umzugehen.

Dank der Verlagerung der Produktion in Billiglohnländer können wir uns inzwischen von weniger als fünf Prozent unseres verfügbaren Einkommens, also mit weniger als der Hälfte des Aufwands, die fünffache Menge Kleidung leisten.[47] Oder anders betrachtet: Mit dem damaligen Aufwand könnten wir uns heute die zehnfache Menge Kleidung kaufen. Und selbstverständlich haben wir dadurch den Respekt verloren vor diesen Teilen, die man sich zum Beispiel für den Urlaub kauft und bei der Abreise einfach dort lässt, weil es sich nicht lohnt, sie mit nach Hause zu schleppen. Um der Welt und seinen Kindern zu zeigen, mit welcher lässigen Beiläufigkeit man diese Dinge jederzeit kaufen und wegwerfen kann, redet man jetzt bezeichnenderweise nicht mehr von »Kleidungsstücken«, sondern nur noch von »Klamotten«. »Klamotte«, so heißt es auf Wikipedia, »bezeichnet ursprünglich zerbrochene Mauer- und Ziegelsteine. Die Bezeichnung Klamotte wurde auch auf andere zerbrochene oder wertlose Gegenstände ausgedehnt, insbesondere auf ärmliche Möbel oder alte Kleidungsstücke. Letztere Verwendung wurde zur heutigen umgangssprachlichen Bezeichnung für Kleidung.«[48]

Dieses veränderte Verhältnis zu unserer Kleidung ist nur eins von vielen Beispielen dafür, wie wir all den Sachen, die durch die Globalisierung für uns plötzlich so billig geworden sind, jeden Wert absprechen und auch sprachlich ihr baldiges Ende auf dem Müll vorwegnehmen.

VEBLEN-EFFEKT

Als Lacoste in den 1980er-Jahren die Produktion ihrer berühmten Polohemden nach Lateinamerika verlegte, kam man auf die Idee, den Vorteil niedrigerer Produktionskosten in Form von entsprechend niedrigeren Verkaufspreisen an den Endkunden weiterzugeben. Die Unternehmensführung hatte mit Recht erwartet, dass die Menschen – dem Gesetz der Nachfrage entsprechend – mehr Polohemden kaufen würden, wenn die Polohemden weniger kosten. Doch das Gegenteil war der Fall: Mit sinkendem Preis stieg die Nachfrage nach den Polos nicht etwa. Im Gegenteil: Sie sank rapide, weil die Lacoste-Shirts mit dem hohen Preis auch ihre Exklusivität verloren hatten. Die Nachfrage stieg erst wieder auf das alte Niveau, als man auch den Preis wieder auf das alte Niveau anhob.[49] Es zeigte sich also, dass für Lacoste-Polohemden – wie für viele andere Luxusprodukte auch – das Gesetz der Nachfrage gar nicht gilt, sondern seine Ausnahme, der sogenannte »Veblen-Effekt«. Dieser Effekt bewirkt, dass ein Produkt zu einem höheren Preis für uns begehrenswerter ist als dasselbe Produkt zu einem niedrigeren Preis.

Das ist viel öfter so, als wir glauben. Ob exklusive Polohemden oder Anti-Kalk-Tabs für unsere Waschmaschine – ständig kaufen wir Produkte, nicht obwohl sie teuer sind, sondern weil sie teuer sind. Denn genauso wie uns ein niedriger Preis unwillkürlich an dem Wert eines Produkts zweifeln lässt, schließen wir umgekehrt auch von einem hohen Preis auf ein hochwertiges Produkt.

Die Verlagerung der Produktionen in Billiglohnländer und der damit verbundene Verlust eines nachvollziehbaren Preisgefüges hat bei uns eine Verunsicherung hinterlassen, die uns für den Veblen-Effekt besonders anfällig macht. Denn je unsicherer wir uns in unserem Urteil sind und je weniger wir uns mit einer Sache auskennen, desto mehr sind wir darauf angewiesen, von ihrem Preis auf ihren Wert zu schließen. Wenn uns zum Beispiel jemand bittet, ihm »eine gute Flasche Sake« mitzubringen, wir uns aber mit Sake nicht auskennen, werden viele von uns – um auf Nummer sicher zu gehen – einfach die teuerste Flasche kaufen.

POLARISIERTER KONSUM

In dem neuen Preisgefüge, das die Globalisierung geschaffen hat, zeigen sich sowohl das Gesetz der Nachfrage (die Regel) als auch der Veblen-Effekt (ihre Ausnahme) in Extremform: Auf der einen Seite explodiert unser Konsum von Billigprodukten, je tiefer die Preise ins Bodenlose fallen. Auf der anderen Seite boomt das Geschäft mit exklusiven Statussymbolen. Wir kaufen entweder richtig billig oder richtig teuer.[50] Aber wir kaufen nichts dazwischen. Unser Konsum hat sich so stark polarisiert, dass sich zum ersten Mal in der Geschichte der Menschheit in der Mitte zwischen den beiden Extremen eine Lücke auftut. Während bezeichnenderweise der Chef von Louis Vuitton (Bernard Arnault) zum reichsten und der Gründer von Zara (Amacio Ortega) zum zweitreichsten Menschen Europas aufgestiegen ist, mussten zahlreiche solide Mittelklassehersteller Insolvenz anmelden, so zum Beispiel der ehemals größte Konfektionär Europas, Steilmann, und die Gerry Weber AG.[51] Für jeden Mittelpreislagen-Laden, der schließt, eröffnen derzeit zweieinhalb Billigläden und ein Luxusladen.[52] Wir konsumieren eben nicht mehr *von* Zara *bis* Louis Vuitton, wir konsumieren *entweder* Zara *oder* Louis Vuitton, nicht von IKEA bis Vitra, sondern entweder IKEA oder Vitra.

Wahrscheinlich tragen wir die Neigung zu einem derart polarisierten Konsum schon immer in uns. Unser Konsum konnte sich aber vor der Globalisierung gar nicht so radikal polarisieren, weil es solche Preise wie bei Zara und IKEA gar nicht gab. Der Abstand zwischen Luxus und Basic war gar nicht groß genug, als dass dazwischen eine große Lücke hätte klaffen können. Natürlich gab es auch in dem sehr viel kleineren nationalen Warenangebot der 1980er-Jahre schon einen deutlichen Preisunterschied zwischen Escada und Kaufhof. Der Preisunterschied zwischen Escada und Kaufhof damals ist aber gar nicht zu vergleichen mit dem Abstand, der in dem heutigen globalen Warenangebot zwischen Chanel und Primark liegt. Während das in Deutschland gefertigte Kaufhof-Kleid damals vielleicht 80 D-Mark und das ebenfalls in Deutschland gefertigte Escada-Kleid vielleicht 800 D-Mark kostete, gibt es jetzt ein in Bangladesch gefertigtes Kleid bei Primark schon ab fünf Euro, während ein in Frankreich gefertigtes Chanel-Kleid kaum unter 5.000 Euro zu bekommen ist. Oder anders ausgedrückt: In einer nationalen Warenwelt kostete ein exklusives Produkt zehnmal so viel wie das günstige Produkt. In einer globalisierten Warenwelt kostet das Luxusprodukt tausendmal so viel wie ein Billigprodukt. Und das ist eben eine Preisspanne von ganz anderer Dimension.

UNVERNÜNFTIGE KAUFENTSCHEIDUNGEN

Der Neurowissenschaftler Brian Knutson hat erforscht, wie wir Kaufentscheidungen treffen: In einem Experiment zeigte er seinen Testpersonen zunächst für ein paar Sekunden Bilder eines Produkts. Dann wurde zusätzlich der Preis des Produkts eingeblendet. Und danach sollten die Probanden entscheiden, ob sie das Produkt kaufen würden. Weil währenddessen durchgängig die Gehirnströme gemessen wurden, konnten die Wissenschaftler sehen, dass das Bild des Produkts – zum Beispiel einer Pralinenschachtel – das sogenannte Belohnungszentrum anregte. Beim Einblenden des dazugehörigen Preises wurde hingegen ein ganz anderer Bereich des Gehirns aktiviert, nämlich die sogenannte Insula, die normalerweise aktiviert wird, wenn wir körperlichen Schmerz empfinden. Die Auswertung dieser Gehirnaktivitäten ergab ein verblüffend einfaches Prinzip: Wir kaufen ein Produkt, wenn das Gefühl von Belohnung, welches das Produkt bei uns auslöst, deutlich größer ist als der Schmerz, den sein Preis bei uns auslöst.[53]

Dass unser Gehirn die Differenz zwischen dem persönlichen Nutzen (Belohnung) und dem Preis (Schmerz) eines Produkts berechnet, klingt zunächst so, als wären unsere Kaufentscheidungen eigentlich doch sehr rational. Dieses Abwägen der Vor- und Nachteile eines Kaufs scheint vernünftig. Ist es aber nicht. Das Abwägen von Belohnung und Schmerz würde nämlich nur dann zu einer vernünftigen Entscheidung führen, wenn die von unserem Gehirn vorweggenommene Belohnung in einem vernünftigen Verhältnis zu dem tatsächlichen Nutzen eines Produkts stünde und wenn auf der anderen Seite der gefühlte Schmerz in einem vernünftigen Verhältnis zu dem zu zahlenden Betrag stünde. In der Praxis zeigt sich jedoch, dass dem ganz und gar nicht so ist:

Wenn man zum Beispiel bei Nanu-Nana einen lustig bedruckten Kaffeebecher für einen Euro sieht, dann stellt man sich gar nicht die Frage, ob einem dieser Becher einen Euro wert ist oder nicht. Man stellt sich ausschließlich die Frage, ob man den Becher haben will oder nicht. Das heißt: Billigprodukte wie dieser 1-Euro-Becher sind so erfolgreich, weil ihr Preis uns keinen Schmerz bereitet, man also nur Belohnung empfindet, ohne jeden Schmerz. Der eine Euro »tut einem nicht weh«. Man würde ihn auch in einen Brunnen werfen. Durch die Kombination aus globalem Sourcing und automatisierter Fertigung sind viele Produkte so billig geworden, dass wir ihren Preis nur noch als symbolischen Preis wahrnehmen. Deshalb empfindet man beim Erwerb des Bechers bei Nanu-Nana, des Notizblocks bei Tiger Copenhagen oder der Papierservietten bei Butlers ungetrübte Freude – die Freude, etwas bekommen zu haben, ohne das Bedauern darüber, etwas dafür gegeben zu haben. Es fühlt sich gar nicht so an, als hätte man sich etwas gekauft, sondern eher so, als hätte man sich selbst etwas geschenkt.

Der Kauf eines mittelpreisigen Kaffeebechers – sagen wir für 25 Euro – hingegen wäre von eher gemischten Gefühlen begleitet. Denn 25 Euro sind schließlich 25 Euro. Für 25 Euro könnte man sich auch etwas anderes kaufen oder essen gehen. Beim Kauf eines 25-Euro-Bechers würde man also eine Mischung aus Belohnung und Schmerz empfinden. Und die macht uns vergleichsweise wenig Freude. Und – so würde man sich fragen – ist ein 25-Euro-Becher wirklich so viel besser als ein 1-Euro-Becher? Am Ende hätte man noch nicht einmal das Gefühl, ein wirklich edles und luxuriöses Trinkgefäß zu haben. So gibt einem ein 25-Euro-Becher weder das Gefühl, sich selbst etwas geschenkt zu haben, noch das Gefühl, sich selbst etwas gegönnt zu haben.

Da kauft man sich doch lieber gleich einen bedruckten Kaffeebecher von Hermès für 92 Euro! Da ist man sich dann wenigstens sicher, dass der Becher wirklich viel besser ist als der für einen Euro. Ein bedruckter Kaffeebecher für 92 Euro muss ja viel besser sein als ein bedruckter Kaffeebecher für einen Euro – alles andere wäre absurd. So gibt der 92-Euro-Becher einem auf jeden Fall schon einmal das Gefühl, sich etwas gegönnt zu haben.

Und darüber hinaus hat der Becher von Hermès noch einen ganz entscheidenden Mehrwert: Genauso wie eine Gucci-Handtasche eben nicht nur eine Tasche ist, ist der Hermès-Kaffeebecher nicht nur ein Becher. Er ist auch ein Statussymbol. Er macht seinen Besitzer zu einem anderen Menschen. Wenn man seinen Kaffee aus einem 1-Euro-Becher trinkt, ist man als Typ eher so Nanu-Nana. Wenn man jedoch seinen Kaffee aus dem 92-Euro-Becher trinkt, ist man der Hermès-Typ, also sozusagen der Mercedes unter den Menschen. Das für uns damit verbundene Gefühl von Belohnung ist so überwältigend, dass es jedes gesunde Schmerzempfinden betäubt. So kauft man auch den 92-Euro-Becher mit fast ungetrübter Freude.

Die Ironie bei all dem ist, dass ausgerechnet der Preis, der sich für uns falsch anfühlt, der einzig gesunde ist. Die Preise hingegen, die uns ein gutes Gefühl geben, erweisen sich als ungesund, wenn man anfängt darüber nachzudenken:

Ein Euro für einen bedruckten Porzellanbecher ist viel zu billig, so wie drei Euro für ein T-Shirt zu wenig sind. Denn abgesehen davon, dass ein Becher, der nur einen Euro kostet, nicht aus echtem Porzellan sein kann, können von einem Euro keine fairen Löhne gezahlt worden sein, nicht in Vietnam und auch sonst nirgendwo auf der Welt. Wenn man sich fragt, wie ein Becher so wenig kosten kann, kann die Antwort nur lauten: Er darf es nicht!

92 Euro hingegen sind viel zu viel. Ein bedruckter Porzellanbecher dürfte – selbst wenn er in höchstmöglicher Qualität (und »höchstmögliche Qualität« heißt in dem Fall tatsächlich, dass keine höhere Qualität möglich ist) in Deutschland von Hand gefertigt wurde – nicht mehr als 69 Euro kosten. Ein bedruckter Porzellanbecher für 92 Euro ist viel zu teuer.

Genauso ist eine Gucci-Stofftasche für 1.690 Euro viel zu teuer. Ein Produzent von Gucci-Taschen erklärt, warum:

»Dieser Stoff würde normalerweise fünfzehn Euro pro Meter kosten. Aber die machen davon Millionen über Millionen von Metern, also bezahlen die keine fünfzehn. Vielleicht zehn. Das Leder hier kostet vielleicht fünfzehn bis zwanzig Euro. Dann sind da noch zwei Euro für den Reißverschluss plus das Geld, das sie uns bezahlen – das sind die Kosten. Und die bringen die Taschen für das Zehn- bis Fünfzehnfache dieser Kosten auf den Markt.«[54]

Und während einem das so penibel vorgerechnet wird, merkt man, dass man es eigentlich gar nicht wissen will. Denn die Tasche von Gucci oder der Becher von Hermès macht einen so glücklich, dass einem das alles egal ist.

Wir treffen unsere Konsumentscheidungen eben nicht mit dem Kopf, sondern mit dem Bauch, und der hört nicht auf den Kopf. Ausschlaggebend für einen Lustkauf ist einzig und allein die Lust, die der Kauf uns bereitet, und die ist bei einem mittleren Preis eben auch nur mittel, während extreme Preise – sowohl extrem hohe als auch extrem niedrige – bei uns extreme Belohnungsgefühle auslösen können. Ein vernünftiger Preis lässt uns kalt, weil er unsere Vernunft anspricht. Unvernünftige Preise machen uns heiß, weil sie unsere Vernunft ausschalten.

DER HYBRIDE KONSUMENT

Luxus boomt und billig boomt. Während die Discounter sich mit Dumpingpreisen unterbieten, werden die Preise der Topmarken immer abgehobener. Parallel dazu geht in der westlichen Welt die Schere zwischen Arm und Reich immer weiter auseinander. In den USA zum Beispiel verdiente 1976 ein durchschnittlicher Geschäftsführer das 36-Fache eines durchschnittlichen Angestellten. Inzwischen verdient dort ein durchschnittlicher Geschäftsführer aber mehr als das 369-Fache eines durchschnittlichen Angestellten.[55] Auch in Deutschland hat die Ungleichheit der Einkommen – trotz guter Konjunktur und niedriger Arbeitslosigkeit – deutlich zugenommen und inzwischen den höchsten seit der Wiedervereinigung gemessenen Wert erreicht.[56] Die Reichen werden immer reicher und die Armen immer ärmer.

Es ist verführerisch, zwischen der sozialen Polarisierung unserer Gesellschaft und der Polarisierung unseres Konsums einen Zusammenhang konstruieren zu wollen. Früher wäre das auch ganz selbstverständlich möglich gewesen. Als unser Konsum noch rational war, konnte man sich darauf verlassen, dass die Unterschicht im unteren Preissegment einkaufte, die Mittelschicht im mittleren und die Oberschicht im oberen. Der Homo oeconomicus früherer Jahrhunderte war vernünftig und hat seinen Konsum immer automatisch seinem Vermögen angepasst. Aber dieses Kastendenken, diese Idee eines »standesgemäßen« Konsums, hat im 21. Jahrhundert keine Gültigkeit mehr. Unser unvernünftiger, überwiegend emotional getriebener Konsum folgt ganz anderen Mechanismen. Wir leben zwar in einer Zweiklassengesellschaft, unser Konsum ist aber kein Zweiklassenkonsum. Es ist nicht so, dass die neuen »Patrizier« im Luxus schwelgen, während die neuen »Plebejer« sich im Billigkonsum suhlen. Die Gewinner und die Verlierer unserer Gesellschaft leben nicht in getrennten Konsumwelten, die sich nicht berühren. Im Gegenteil: Die Reichen wollen unbedingt mitmachen bei der Schnäppchenjagd, und die Armen bestehen darauf, am Luxus teilzuhaben. Der Billigkonsum auf der einen Seite und der Erwerb von exklusiven Gütern auf der anderen Seite befriedigen uns auf so unterschiedliche Weise, dass wir das eine tun, aber das andere nicht lassen wollen, und zwar wir alle. Wenn man shoppt, will man sowohl die Quantität bei Primark als auch die Qualität bei Prada erleben. Man will sich spontan und ohne lang zu überlegen ein H&M-T-Shirt kaufen, und man will irgendwann die langersehnte Louis-Vuitton-Handtasche sein Eigen nennen können. Nur wenn man beides haben kann, hat man das Gefühl, wirklich am Konsum unserer Gesellschaft teilzuhaben. Und wenn man sich eine Louis-Vuitton-Tasche eigentlich gar nicht leisten kann, dann kauft man sich stattdessen trotzdem nicht eine günstigere Tasche, sondern spart so lange, bis man sich die Louis-Vuitton-Tasche mit dem Monogrammdruck leisten kann.

Uns das jeweils Beste aus beiden Konsumwelten herauszupicken, gibt uns das Gefühl, auf der Höhe unserer Zeit zu sein. Man findet sich smart, wenn man in den Schuhen von Dior Socken von Uniqlo trägt. Stolz erklärt man seinen Gästen, dass sie gerade zum Neuland-Rinderfilet vom Biometzger Aldi-Champagner trinken. Im Schlafzimmer steht das Boxspringbett von Vispring neben dem Pax-Kleiderschranksystem von IKEA. So kann man inklusiv und exklusiv gleichzeitig sein. Die Levi's-Jeans zeigt, dass man dazugehört, die Balenciaga-Sneaker, dass man was Besonderes ist. Wir wollen sowohl das Jugendliche eines Zara-Sweatshirts als auch das Arrivierte einer Rolex-Uhr. Und wir identifizieren uns mit dem Look, der aus der Mischung entsteht. Wir definieren uns über diesen »hybriden Konsum«[57], über die Kombination aus Luxus und Schnäppchen.

NORMAL

Fünfzehn Minuten zu früh für meinen Termin in der Innenstadt. Ich löse einen Parkschein und scanne gleichzeitig die andere Straßenseite nach Geschäften, in denen ich mir die Wartezeit vertreiben kann.

In dem Homeware- und Dekoladen steht gleich am Eingang ein Tisch, auf dem alles in diesem angesagten Seegrasgrün ist – Kissen, Plaids, Kerzen, Vasen … So ein komplett neuer Look würde meiner Wohnung auch guttun. Muss ich mal drüber nachdenken. Nehme ein Paket grüne Papierservietten mit.

Dahinter der Tisch mit den Retroleuchtkästen zum Selbstbeschriften. Fand ich am Anfang auch ganz gut. Steht inzwischen aber schon in jedem Kinderzimmer.

Lese mir die Sprüche auf den wirklich schön gebundenen Notizblöcken durch: »live laugh love«, »The bags under my eyes are Chanel«, »Hello Beautiful«, »Follow your dreams«, »#beyourselfie« … Aber wer macht sich schon noch Notizen auf Papier?

Ein Regal mit Cocktailzubehör: polierter Edelstahlshaker und passende Gerätschaften zum Abmessen, Abgießen und so weiter, verschiedene Eiswürfelformen, eine verchromte Eismühle, Kristallgläser mit schwerem Boden … Würde zusammen echt gut aussehen auf meinem Sideboard. Vielleicht lade ich ja doch mal Leute auf Drinks ein.

Die Duftkerzen im Regal daneben sehen auch gut aus. Richtig wertig sogar. Die meisten riechen süßlich und sind eher für Frauen, manche wohl unisex. Suche die männlichste aus: mattschwarzes Glas, »Dark Amber Tobacco«.

In einem anderen Regal dreht sich alles um Faultiere. Lustig, so als Mitbringsel. Zum Beispiel für diesen einen Kollegen. Auf jeden Fall besser als diese albernen Einhörner letztes Jahr.

Eine ganze Abteilung mit Partydeko: Girlanden, Pappteller, Piñatas … Und natürlich silberne Buchstabenluftballons. Gucke, ob meine Initialen vorrätig sind. Sie sind.

Ein geflochtener Retropicknickkorb mit Porzellantellern, Champagnergläsern und Metallbesteck in Lederschlaufen. Käme bei meiner Freundin sicher gut an, so ein stilvolles Picknick. Dann müsste ich aber auch noch das Essen besorgen …

Checke mein Handy – höchste Zeit für meinen Termin. Gehe also mit der Duftkerze zur Kasse. Die Papierservietten habe ich offenbar im Duftkerzenregal liegen gelassen. Egal.

Auf dem Weg zu meinem Termin stelle ich die kleine Tüte noch schnell in den Kofferraum meines Autos. Als ich sie dort zwei Wochen später wiederentdecke, weiß ich zuerst gar nicht mehr, was drin ist.

Man kann sich darüber wundern, dass hier eine so durch und durch gewöhnliche Geschichte erzählt wird.

Vielleicht sollte man sich aber viel mehr darüber wundern, dass wir das alles so normal finden.

Wir alle finden das vollkommen normal. Uns fällt gar nicht mehr auf, wie absurd das alles ist. Wir finden es normal, dass man seine freie Zeit damit verbringt, sich Sachen anzugucken und auch zu kaufen, die man allesamt nicht braucht und sich nie gewünscht hat. Und keiner von uns wundert sich darüber, dass eine Duftkerze der Ersatz für eine Packung Papierservietten ist. Es wundert uns nicht, weil es für uns alle selbstverständlich ist, dass es gar nicht darum geht, sich Papierservietten zu kaufen, sondern darum, sich *irgendetwas* zu kaufen.

KONSUM ALS DROGE

Physiologisch betrachtet ist das wohlige Gefühl von Belohnung, das wir empfinden, wenn wir einen Lustkauf machen, eine Dopamin-Ausschüttung – gleich mehrere tiefe Gehirnregionen entlassen Dopamin, das an Rezeptoren im ganzen Gehirn andockt und einen intensiven Lustrausch entfacht.[58] Wenn man sich bewusst macht, dass dieses Dopamin derselbe Neurotransmitter ist, der sich in unserem Nervensystem ausbreitet, wenn wir verliebt sind, dann versteht man, warum dieses Glückshormon eine so erstaunliche Macht über uns hat und warum wir davon nie genug bekommen können. Und man versteht, warum wir besonders dann für Lustkäufe anfällig sind, wenn wir uns gerade einsam fühlen, warum wir uns also zum Beispiel, wenn wir allein in einem fremden Flughafen auf unseren verspäteten Heimflug warten, im Duty-Free-Shop ein Parfum kaufen.

Es ist der Hunger nach Dopamin, der uns solche Impulskäufe machen lässt. Es geht nicht um die lustig bedruckten Papierservietten, die wir im Vorübergehen kaufen. Es geht um die Dopamin-Ausschüttung, die der Kauf der Servietten auslöst. Deshalb, und nur deshalb, können wir uns statt der Papierservietten auch eine Duftkerze kaufen. Und deshalb ist es für uns beim Klamottenkauf auch tatsächlich Jacke wie Hose, ob wir uns ein Kleid oder ein Paar Schuhe kaufen. Ein Kleid kann keine Schuhe ersetzen. Aber das Dopamin, das der Kauf des Kleides freisetzt, kann das Dopamin ersetzen, das beim Kauf der Schuhe ausgeschüttet wird. Wir brauchen weder die Papierservietten noch die Duftkerze noch die Schuhe noch das Kleid. Wir brauchen das Dopamin.

Bis vor Kurzem glaubte die Forschung, dass nur Drogen und Alkohol wirklich süchtig machen könnten. Erlebnisse könnten zwar auch als sehr lustvoll empfunden werden, das Bedürfnis, diese Erlebnisse zu wiederholen und zu dieser Lust zurückzukehren, könne aber nie die Dringlichkeit erreichen, die man mit Drogen- und Alkoholsucht in Verbindung bringt. Doch neuere Forschungen haben ergeben, dass bestimmte suchtauslösende Erlebnisse und Verhaltensweisen dieselbe Wirkung haben wie der Konsum von Drogen.[59] Sie führen dem Organismus zwar keine Chemikalien zu, setzen aber dieselben Gehirnaktivitäten in Gang. Bei solchen suchtauslösenden Erlebnissen spielt die Dopamin-Produktion genauso verrückt wie bei der Einnahme von Kokain oder Amphetaminen. Dass solche Verhaltenssüchte ohne die Einnahme von Substanzen auskommen, macht sie besonders gefährlich, denn so bleiben sie oft unbemerkt. Der Suchtspezialist Gabor Maté kaufte zum Beispiel immer mehr Klassik-CDs, bis er schließlich an einem Tag 8.000 Dollar für CDs ausgab. Als er seinen heroinabhängigen Patienten beschrieb, was er vor, bei und nach dem Kauf von CDs empfand, war deren erste Reaktion: »Wir verstehen das. Du bist genau wie wir anderen auch.«[60]

Auch wenn wir uns nicht für 8.000 Dollar CDs kaufen, so ist es doch eine Abhängigkeit von dem mit Belohnungskonsum verbundenen Dopamin, die uns unwillkürlich den nächsten kleinen Lustkauf tätigen lässt, sobald die Wirkung des letzten Lustkaufs nachlässt. Das tut so gut wie der Kaffee am Morgen, die Zigarette nach dem Essen, das Feierabendbier … Wir reden uns ein, wir könnten jederzeit darauf verzichten, aber es würde uns eben doch erstaunlich schwerfallen. Wenn wir es versuchen würden. Was wir natürlich nicht tun. Stattdessen kaufen wir schleichend immer mehr und immer öfter Dinge, die wir nicht im Geringsten brauchen, obwohl uns die ökonomische Sinnlosigkeit und die ökologische Schädlichkeit unseres Verhaltens immer klarer werden. Wenn wir ehrlich zu uns selbst wären, müssten wir uns unsere wachsende seelische und körperliche Abhängigkeit von regelmäßigen Lustkäufen eingestehen. Ohne uns dessen bewusst zu sein, sind wir alle schon seit Jahren süchtig nach Konsum.

Aber die wachsende Erkenntnis, dass unser chronischer Überkonsum zu einer Verhaltenssucht geworden ist, führt noch lange nicht zu weniger und bewussterem Konsum. Denn es gibt zwar jetzt eine Diagnose, aber noch keine Therapie. Das heißt: Man weiß zwar inzwischen, dass unser notorischer Konsum mehr ist als eine schlechte Angewohnheit und alle Kriterien einer Sucht erfüllt. Man behandelt ihn aber nicht wie eine Sucht. Stattdessen behandelt man ihn immer noch wie einen Irrtum, der nur aufgeklärt werden muss, um ihn zu beseitigen. Besorgten Umweltschützern fällt bisher jedenfalls nichts Besseres ein, als mit erhobenem Zeigefinger zu einer Mäßigung des Konsums zu mahnen. Das ist, als ob man einem Drogensüchtigen erklärt, dass es doch viel gesünder und auch billiger wäre, keine Drogen zu nehmen. Er wird das sicher einsehen, aber machen wird er es deshalb noch lange nicht. Eine körperliche und seelische Abhängigkeit kuriert man eben nicht mit dem erhobenen Zeigefinger, sondern mit einer Therapie. Das Gleiche gilt auch für unsere Abhängigkeit nach Lustkäufen und Belohnungskonsum. Insofern ist es nicht verwunderlich, dass bislang alle Versuche, unsere Gesellschaft durch bloßes gutes Zureden zur Umkehr zu bewegen, gescheitert sind.

Im besten Fall sehen wir sogar ein, dass wir ein Problem haben. Aber bei den meisten von uns reicht das noch nicht einmal für den Vorsatz, etwas ändern zu wollen. Und die wenigen, die tatsächlich versuchen, auf überflüssigen Konsum zu verzichten, müssen sehr schnell feststellen, dass die Leere, die der Konsumentzug in ihnen hinterlässt, viel größer und viel schwerer zu füllen ist, als sie gedacht haben. Die täglichen Dopamin-Kicks sind zu sehr Teil unseres Lebens geworden, als dass wir sie von einem Tag auf den anderen ersatzlos streichen könnten. Die Teilhabe am Konsum aller hat sich zu einer unentbehrlichen Stütze unseres Dazugehörigkeits- und Selbstwertgefühls entwickelt. Selbst wenn wir aus freien Stücken auf all den alltäglichen Luxus verzichten, fühlt es sich doch wie ein bitterer sozialer Abstieg an. Für unseren Verstand ist es ein »freiwillig verzichten«. Für unser Gefühl ist es ein »sich nicht mehr leisten können«. Unser Verstand begreift diese Selbstbeschränkung als einen Fortschritt. Unsere Seele empfindet den Dopamin-Entzug aber als eine schreckliche Rückstufung. Der Junkie in uns ist für Argumente sowieso nicht zugänglich – er will einfach nur sein Dopamin. Und er quengelt wie ein kleines Kind im Supermarkt. Denn in unserem Alltag lauern auf Schritt und Tritt die vielfältigen Verlockungen des Konsums. Mit irgendetwas stellen wir ihn am Ende dann doch ruhig. Und schon sind wir rückfällig.

Ja, wir haben ein kollektives Suchtproblem. Nein, ein freiwilliger kalter Entzug ist keine realistische Lösung für dieses kollektive Suchtproblem.

Und ein *erzwungener* kalter Konsumentzug, wie wir ihn zu Beginn der Coronakrise durchexerziert haben, ist es natürlich erst recht nicht. Währenddessen las und hörte man zwar immer wieder, der Konsument habe sich in seiner häuslichen Isolation darauf besonnen, was im Leben wirklich wichtig sei. So wäre er danach nicht nur gegen das Virus, sondern auch gegen die materiellen Verlockungen der Konsumgesellschaft immun und würde als verantwortungsvoller und vor allem minimalistischer und genügsamer Verbraucher ins öffentliche Leben zurückkehren.[61] Doch sobald nach monatelangen Einschränkungen die Sicherheitsmaßnahmen in den ersten Ländern wieder gelockert wurden, zeigte sich, dass die Menschen es kaum erwarten konnten, sich durch Verwöhnkonsum so gut wie möglich über die entgangenen Vergnügungen hinwegzutrösten:

Als die Hermès-Boutique im chinesischen Guangzhou nach monatelanger coronabedingter Schließung am 11. April wieder eröffnete, nahm sie am ersten Tag 2,47 Millionen Euro ein – der höchste Tagesumsatz einer einzelnen Boutique in China.[62]

Und nicht nur beim Luxus zeigten die Menschen Nachholbedarf: Der britische Fast-Fashion-Anbieter Next hatte seinen Onlineshop nach zweiwöchigem Lockdown am 14. April probeweise wieder geöffnet. Er musste den Verkauf sofort wieder stoppen, weil die Masse der Bestellungen bereits nach 90 Minuten seine Lieferkapazitäten überstieg.[63]

DEN PEGEL HALTEN

Wenn man Raucher fragt, warum sie rauchen, antworten sie gerne, dass Rauchen sie entspanne. Das glauben sie auch wirklich. Und nach dem Rauchen einer Zigarette sind sie auch tatsächlich weniger gestresst als vorher. Das liegt aber nachweislich nur daran, dass das Auffüllen des Nikotinpegels den Stress beseitigt hat, den das vorherige Abfallen des Nikotinpegels ihnen bereitet hatte. Das Rauchen befreit einen also nur von der Anspannung, die es selbst verursacht. So macht Rauchen einen auf die Dauer nicht entspannter. Im Gegenteil: Es macht einem sogar zusätzlichen Stress.

Genauso würde die Hälfte aller Menschen, wenn man sie fragt, warum sie sich Dinge kaufen, die sie eigentlich gar nicht brauchen, antworten, dass für sie Shopping ganz allgemein ein Vergnügen sei.[64] Ja, es stimmt, Shoppen macht richtig Spaß. Das lässt sich nicht leugnen. Sich schöne Dinge zu kaufen – egal ob man sie braucht oder nicht –, gibt einem immer ein richtiges Hochgefühl, einen echt guten Dopamin-Kick. Und gegen wohldosierten Konsum ist auch ebenso wenig etwas einzuwenden wie gegen eine gelegentliche Zigarette nach dem Abendessen.

Aber, wenn wir ehrlich sind, hat unser notorischer Konsum inzwischen eher etwas von Kettenrauchen. Und genauso wie man nicht immer entspannter wird, wenn man immer mehr raucht, werden wir auch keineswegs immer glücklicher, wenn wir immer mehr kaufen. Unterm Strich machen diese regelmäßigen Konsumkicks unser Leben genauso wenig besser wie regelmäßige Nikotinschübe. Denn wie bei der regelmäßigen Zufuhr von Chemikalien verschiebt unser

Gehirn auch bei der regelmäßigen Zufuhr von Erlebnissen seine Toleranzgrenzen. Wie bei der Sucht nach psychoaktiven Substanzen ist auch bei einer Verhaltenssucht die einzige Möglichkeit, das ursprüngliche Hochgefühl erneut zu erleben, die Dosis des Erlebnisses zu erhöhen. Unser Gehirn wertet die kurzfristigen Dopamin-Springfluten nämlich leider als Fehler und produziert immer weniger von dem »Glückshormon«. Die für die Produktion von Dopamin zuständigen Gehirnregionen stumpfen ab und reagieren nur noch, wenn sie überstimuliert werden. Die kleinen Freuden des Alltags hingegen quittieren sie nicht mehr mit den gesunden kleinen Mengen an Dopamin, die wir für unsere Grundzufriedenheit brauchen.[65]

So werden die Tiefs zwischen den Hochs immer tiefer. Und irgendwann fangen unsere regelmäßigen Käufe nur noch die Katerstimmung auf, die vorhersehbar auf den Kaufrausch folgt. Wir gleichen diese Stimmungsschwankungen aus, indem wir immer öfter kaufen. Um den Dopamin-Pegel zu halten, erhöhen wir also nicht nur die Größe, sondern auch die Frequenz unserer Einkäufe.

So kommt es dazu, dass man sich in immer dichterer Folge immer mehr Sachen kauft, die man aber immer weniger nutzt – Kleidung, Zeitungen, Gadgets, Sportausrüstung, Haushaltsgeräte … Man schafft es gar nicht mehr, all das zu konsumieren, was man sich kauft. Denn Konsum ist ja zeitaufwendig. Man benutzt die Dinge nicht, weil man nicht die Zeit hat, sie zu benutzen. Oder weil man sich nicht die Zeit nimmt, die Gebrauchsanweisung zu lesen, das Gerät zu konfigurieren, die Hose zur Änderungsschneiderei zu bringen. Oder weil man feststellt, dass man in einem Klima lebt, in dem man gar kein Strandkleid braucht. Oder weil man das T-Shirt im Schrank einfach vergisst. Manche Dinge packt man zu Hause noch nicht einmal mehr aus. Wir glauben, dass wir uns Dinge kaufen, weil wir sie *besitzen* wollen, aber tatsächlich kaufen wir sie uns oft nur noch, weil wir sie *kaufen* wollen.

Und genau deshalb, so haben Soziologen und Konsumforscher festgestellt, machen uns unsere Lustkäufe immer weniger glücklich.[66] Wenn wir die Dinge nicht benutzen, wenn wir sie nicht in Betrieb nehmen, uns aneignen und genießen, dann ist die Freude über die Neuanschaffung schnell vergessen. Dann fällt der Dopamin-Spiegel steil ab, und die Seele, der das Glückshormon entzogen wird, schreit nach Nachschub. Ein solcher Konsum, bei dem man eigentlich direkt nach dem einen Kauf schon an den nächsten denkt, macht uns nur vermeintlich zufriedener. Tatsächlich macht er uns aber immer unzufriedener. Für den Moment fühlen wir uns glücklich. Aber langfristig werden wir – auf für uns unerklärliche Weise – immer unglücklicher.

SHARING ECONOMY

Wenn man sich Handtaschen leihen würde, statt sie sich zu kaufen, könnte man jede Saison eine neue tragen. Man könnte sogar jeden Tag eine andere tragen – immer passend zum Outfit. Man könnte sich sogar mehrmals am Tag umziehen und dabei jedes Mal die Handtasche wechseln.

Je kürzer man die Dinge nutzen will, desto mehr Sinn ergibt es, sie zu mieten, statt sie zu kaufen. Und wir wollen die Dinge ja tatsächlich immer kürzer nutzen:[67]

Erstens wollen wir gerne öfter etwas Neues, weil die Trends immer kurzlebiger werden. Das sogenannte Modekarussell dreht sich immer schneller. Was gestern out war, ist heute in, und was heute in ist, ist morgen out.

Zweitens wird das Angebot an Dingen, denen wir unsere Zeit und unsere Aufmerksamkeit widmen wollen und müssen, ständig größer: Gadgets, die wir gut gebrauchen können; Netflix-Serien, die man gesehen haben muss; neue Fortbewegungsmittel, die wir ausprobieren möchten; Sportarten, die zu uns passen könnten; Reisen, die wir machen wollen; Events, die wir nicht verpassen dürfen; Apps, die uns das Leben erleichtern; Blogbeiträge, die uns interessieren; Persönlichkeiten, denen wir auf Twitter folgen; Marken, die wir auf Instagram abonnieren. Täglich kommen neue Sachen dazu. Aber die Zeit, die wir pro Tag für solche Sachen haben, bleibt gleich. Also haben wir immer weniger Zeit pro Sache.

Und weil immer mehr Sachen von uns immer kürzer genutzt werden, gehört dem Teilen, Leihen und Mieten die Zukunft.

Der Autovermieter Konstantin Sixt hat zu Recht gesagt: »Die unvernünftigste Entscheidung, die Menschen treffen, ist, ein Auto zu kaufen.«[68] Denn Autos werden im Schnitt nur eine Stunde am Tag, also nur vier Prozent der Zeit, genutzt.[69] Sie sind aber für ihren Besitzer mit enormen Fixkosten verbunden: Anschaffungskosten, Leasingraten, Kfz-Versicherung, Kfz-Steuer, Wartung, TÜV, Miete für Stellplatz, Anwohnerparkausweis und so weiter. Da liegt es auf der Hand, dass es sinnvoll ist, sich Autos und die damit verbundenen Fixkosten zu teilen. Je teurer eine Sache ist und je weniger wir sie nutzen, desto leichter können wir Geld sparen, indem wir sie uns leihen, statt sie uns zu kaufen.

Wer leiht, statt zu kaufen, spart aber nicht nur Geld. Er spart auch Zeit und Kraft. Denn Besitz bringt immer auch Pflichten mit sich. Dinge, die man besitzt, muss man lagern, warten, reinigen und so weiter. Wer – um bei dem Beispiel zu bleiben – kein Auto besitzt, sondern Autos nur mietet, muss sich nicht um die Inspektion und den TÜV kümmern. Auch mit dem Waschen der Autos und dem Wechsel von Sommer- auf Winterreifen hat er nichts zu tun. Und wenn über Nacht jemand die Antenne abgebrochen hat, ist auch das nicht sein Problem.

Und last but not least hat das Teilen von Dingen natürlich auch ökologisch alle Argumente auf seiner Seite. Denn auch wenn Studien ergeben haben, dass die ökologische Überlegenheit von Mietangeboten für die Nutzer solcher Angebote eher eine Dreingabe als die treibende Kraft ist,[70] so bleibt sie doch unbestreitbar: Wenn nicht mehr jeder Mensch ein ganzes Produkt für sich beansprucht, sondern nur noch einen Teil, dann hinterlässt er damit selbstverständlich auch nur einen Teil des ökologischen Fußabdrucks, den er mit dem ganzen Produkt hinterlassen hätte.

Die ökonomische und die ökologische Bilanz des Mietens können sich sehen lassen. Rational betrachtet ist das Mieten von Dingen dem Kaufen fast immer und immer öfter überlegen. Nur emotional hat die Sache einen Haken. Denn nur weil wir eine geliehene Sache annähernd so nutzen können wie eine Sache, die uns gehört, heißt das ja nicht, dass uns eine geliehene Sache auch nur annähernd so viel Freude macht wie eine Sache, die uns gehört. Uns eine Sache vorübergehend zu leihen, wird uns nie so stolz und glücklich machen, wie sie uns persönlich zu kaufen und sie exklusiv zu besitzen. Wenn man sich einen Gegenstand mit anderen teilt, teilt man sich eben nicht nur die mit der Anschaffung und dem Unterhalt verbundenen Kosten und Mühen mit anderen. Man muss auch das Dopamin, das mit dem Besitz dieses Gegenstandes verbunden ist, mit anderen teilen. Und das macht man natürlich nur äußerst ungern. Das gilt ganz besonders für Statussymbole. Jemand, der zum Beispiel lange auf einen BMW gespart hat und dann endlich hinterm Steuer sitzt, wird damit viel stolzer herumcruisen als jemand, der den BMW nur gemietet hat.[71] Wenn wir uns Statussymbole leihen, ist halt auch der Status nur geliehen. Wir dürfen uns eben erst dann als »BMW-Fahrer« betrachten, wenn wir einen BMW besitzen und nicht nur weil wir uns regelmäßig einen leihen. »Die Leute wollen kein Auto teilen, sondern eins kaufen«, weiß BMW-Chef Oliver Zipse.[72]

So geht es mit sehr vielen Dingen: Eigentlich wissen wir schon längst, dass es sowohl für unser Konto als auch für unsere Umwelt besser wäre, sie zu leihen. Aber wie so oft lassen wir nicht die Vernunft, sondern das Dopamin entscheiden und kaufen uns diese Dinge gegen besseres Wissen auch weiterhin – einfach nur weil es sich für uns besser anfühlt.

VALUE-ACTION GAP

Alle reden vom ethischen Konsum. Aber keiner hat ihn je gesehen. In Umfragen sagen zwar 99 Prozent der Leute, dass sie nachhaltige Produkte kaufen würden, wenn sie die Gelegenheit dazu hätten. Und 85 Prozent der Befragten behaupten, in den meisten Fällen nachhaltige Produkte zu kaufen. Wenn man sich aber die tatsächlichen Verkaufszahlen anguckt, kaufen überhaupt nur 15 bis 20 Prozent aller Leute nachhaltige Produkte. Und das auch nur manchmal.[73]

2016 lag der Marktanteil von Textilien, die den Global Organic Textile Standard erfüllen, die also nachweislich nachhaltig produziert wurden, bei noch nicht einmal einer Promille.[74] Demnach treffen wir 99,9 Prozent unserer Konsumentscheidungen weitgehend unabhängig von moralischen Überlegungen.

Bei Lebensmitteln ist der Marktanteil an Bioprodukten zwar fünfzigmal höher, liegt aber auch nur bei fünf Prozent.[75] Und selbst diese fünf Prozent sind nur zu einem geringen Teil moralisch motiviert. Wenn jemand vor allem deshalb lieber zu Bioobst und Biogemüse greift, weil er glaubt, dass sie für ihn gesünder sind, dann ist das kein ethischer Konsum. Und wenn jemand Biobrot und Bioeier kauft, weil sie ihm besser schmecken, dann hat das mit Moral nichts zu tun. So gesehen ist es dann auch nicht inkonsequent, wenn man mit dem SUV zum Biosupermarkt fährt, sondern absolut konsequent, denn man will dabei ja gar nicht das Beste für die Umwelt. Man will das Beste für sich. Man will das bestmögliche Essen und das bestmögliche Auto. Man verhält sich nicht moralisch inkonsequent, sondern konsequent amoralisch.

Die meisten Menschen würden zwar von sich selbst behaupten, dass ihnen Themen wie Sustainability, Fair Labour und Animal Cruelty am Herzen liegen. Aber in dem Moment, in dem sie ihre Kaufentscheidungen treffen, ist ihnen dann doch alles andere wichtiger. Eine jüngere Umfrage bestätigt, dass Millennials bei sämtlichen gängigen Kaufentscheidungen tatsächlich mehr oder weniger alles andere – nämlich die Mühelosigkeit des Einkaufs, das Preis-Leistungs-Verhältnis, die Einzigartigkeit und die Marke des Produkts – wichtiger ist als Nachhaltigkeit.[76]

In einer anderen Studie zeigt sich, dass ausgerechnet die vierzehn- bis neunzehnjährigen Mädchen – bei denen die Behauptung, man lege Wert auf nachhaltige Produkte, um ganze 40 Prozent verbreiteter ist als im Durchschnitt – sich paradoxerweise doppelt so oft neue Kleidung kaufen wie der Durchschnitt.[77]

Es gibt einfach keine Zahlen oder Untersuchungen, die belegen würden, dass unsere moralischen Werte irgendeinen tatsächlichen Einfluss auf unser Konsumverhalten haben.[78]

2019 eskalierten die Proteste und Boykottaufrufe gegen den alljährlichen Konsumrausch am Black Friday. Die Konsument*innen gaben sich einsichtig: In einer Vorabumfrage erklärten fast zwei Drittel, sie seien sich der ökologischen Auswirkungen ihres Black-Friday-Konsums bewusst geworden und würden diesen diesmal reduzieren wollen.[79] Tatsächlich kauften sie an dem darauffolgenden Black Friday aber mehr als je zuvor in der siebzigjährigen Geschichte des Shopping-Events.[80]

Die gängigsten Gründe und Ausflüchte dafür, dass wir uns im Alltag nicht so verhalten, wie wir uns verhalten sollten – und eigentlich auch wollen –, hat der Betriebswirtschaftsprofessor Timo Busch unter dem Kürzel »G.E.M.A.« zusammengefasst:

»G steht für Gewöhnung – alle fahren Auto oder fliegen in den Urlaub, deshalb wird das vom Einzelnen nicht kritisch hinterfragt. E steht für den Entkopplungseffekt – wir wissen zwar, was die Wissenschaft zu den globalen Problemen sagt, blenden das aber in unserem täglichen Handeln aus.

> M steht für Machtlosigkeit – dahinter steht die Ansicht, dass der Einzelne in dieser globalen Welt durch eine Änderung seines Verhaltens ohnehin nichts bewirken könnte. A steht für Abspaltung – wir erkennen zwar an, dass sich dringend etwas ändern müsste, möchten dies aber nicht bei uns selbst, wollen also beispielsweise keine Windkraftanlagen in der eigenen Nachbarschaft.«[81]

Wenn bei unserem Konsum moralische Überlegungen eine Rolle spielen würden, dann hätte sich das spätestens in der Reaktion auf die Katastrophe im Rana Plaza zeigen müssen. Obwohl das Thema über viele Wochen die Medien beherrschte, konnte Primark – für die nachweislich damals im Rana Plaza genäht wurde[82] – im selben Jahr einen Umsatzzuwachs von 22 Prozent[83] verzeichnen.

Mit dem ethischen Konsum ist es offenbar ein bisschen wie mit der gesunden Ernährung: Zahlreiche Studien zeigen, dass Aufklärungskampagnen über gesunde Ernährung die Einstellung der Leute zu kalorienreichem Essen verändern können und in ihnen den Vorsatz wecken, gesünder zu essen. Aber dieselben Studien zeigen auch, dass solche Aufklärungskampagnen über den Vorsatz hinaus so gut wie keine Auswirkungen auf das tatsächliche Essverhalten der Leute haben.[84]

Genauso hat es offenbar auch keinen Einfluss auf das Konsumverhalten von Menschen, wenn man sie darüber aufklärt, unter welch menschenverachtenden und ökologisch verheerenden Bedingungen viele Produkte hergestellt werden, die sie konsumieren. An solcher Aufklärung mangelt es nämlich nicht. Wenn Menschen mit ihrem Konsum ständig gegen ihre eigenen Werte verstoßen, dann liegt das nicht daran, dass sie es nicht besser wissen. Es ist nicht so, dass ihnen niemand gesagt hat, wem Nestlé das Wasser wegnimmt, bevor es für sie in San-Pellegrino-Flaschen gefüllt wird, auf welchen Flächen das Palmöl in ihrer Nutella angebaut wird und wie die Tiere gehalten werden, die sie sich als 1-Euro-Burger bei McDonald's schmecken lassen.

Man hat es ihnen gesagt. Aber mit sehr großer Wahrscheinlichkeit haben sie es umgehend wieder vergessen. Wie selektiv unser Gedächtnis ist, wenn es um Informationen geht, die unser Gewissen belasten könnten, hat ein Experiment an der Ohio State University offenbart. Dabei wurden Studenten sechs verschiedene fiktive Schreibtischmarken vorgestellt, jeweils verbunden mit der Information, welcher Hersteller Holz aus nachhaltiger Forstwirtschaft verarbeitet und welcher Tropenwaldholz. Eine Befragung zeigte, dass sich zunächst fast alle Studenten (95 Prozent) beide Informationen gemerkt hatten. Zwanzig Minuten später wusste die Mehrheit (60 Prozent) der Studenten auch immer noch sehr genau, welche Firmen nachhaltig erwirtschaftetes Holz verwenden. Welche Schreibtische aus Tropenholz hergestellt werden, hatte sich jedoch nur eine Minderheit (45 Prozent) der Studenten gemerkt. In einem zweiten Experiment, bei dem es um Kleidung ging, zeigten die Probanden wieder die gleiche selektive Vergesslichkeit, diesmal in Bezug auf Jeans, die mithilfe von Kinderarbeit hergestellt wurden.[85]

Diesen Mechanismus als »verdrängen« zu bezeichnen, ist noch zu schwach. Denn hier wird die Information nicht nur vorübergehend unterdrückt, sie wird endgültig gelöscht. Wir vergessen die Schattenseiten unseres Konsums tatsächlich. Wir vergessen sie, weil wir sie vergessen wollen. Denn nur so können wir all die Dinge, an die wir uns gewöhnt haben, die so bequem sind, so lecker schmecken, so gut aussehen und dabei noch so überraschend preiswert sind, auch weiterhin unbeschwert genießen.

TEIL II – DIGITALISIERUNG UND KONSUM

David Bowie 1999 in einem BBC-Interview:
»Ich glaube, das Potenzial dessen, was das Internet – im Guten wie im Schlechten – mit unserer Gesellschaft machen wird, ist unvorstellbar. Ich glaube, wir stehen tatsächlich an der Schwelle zu etwas Beglückendem und Furchterregendem.«

BBC: »Aber es ist doch nur ein Werkzeug, oder nicht?«

Bowie: »Nein, ist es nicht, nein.
Nein, es ist eine fremde Lebensform.«[86]

DIE UMPROGRAMMIERUNG DES EINKAUFENS

Wenn man von der »digitalen Revolution« spricht, stellt man die Digitalisierung auf eine Stufe mit der »industriellen Revolution« im 19. Jahrhundert. Zu Recht: So wie damals erweisen sich auch jetzt jahrhundertealte Gewerbe von einem Tag auf den anderen als überflüssig. Bewährte Geschäftsmodelle funktionieren nicht mehr. Ganze Wirtschaftszweige kollabieren. Stattdessen entstehen überraschende neue Produkte und Dienstleistungen mit ungeahnten Verdienstmöglichkeiten. Wie damals schwingen sich zunächst belächelte Start-ups innerhalb kürzester Zeit zur Weltherrschaft auf. Noch 2001 spottete der Zukunftsforscher Matthias Horx: »Das Missverständnis: Dem E-Commerce gehört die Zukunft. Wären die gewaltigen Versprechungen der E-Handelswelt tatsächlich wahr geworden, dann wären unsere Städte rund um die Uhr verstopft mit Lieferwagen, die kleine und kleinste Pakete zu Menschen bringen würden, die sowieso nicht zu Hause sind.«[87] Achtzehn Jahre später ist Amazon das wertvollste Unternehmen der Welt.[88]

Im Gegensatz zu der industriellen Revolution finden die Umstürze, die die digitale Revolution mit sich bringt, aber in einem ganz anderen Bereich statt. Die industrielle Revolution hatte die Art und Weise, wie Dinge hergestellt wurden, auf den Kopf gestellt. Wie wir diese Dinge kauften, blieb hingegen weitgehend unverändert. Die Geschichte des Einkaufens war bis vor Kurzem ein langer ruhiger Fluss. Unsere Fußgängerzonen unterschieden sich nicht grundlegend von den allerersten Basaren der Menschheit. Doch jetzt verschwindet gerade die Art, wie wir jahrtausendelang eingekauft haben. Und zwar endgültig.

ENTGRENZTES SHOPPEN

Seit Jahrhunderten träumen Volkswirtschaftler von dem »vollkommenen Markt« – einem Markt, auf dem man keinen Grund hat, irgendeinen Händler aus persönlichen, zeitlichen, sachlichen oder räumlichen Gründen zu bevorzugen, einem Markt, auf dem man alle Angebote mühelos vergleichen kann. Aber in all dieser Zeit ist die Wirtschaftswissenschaft davon ausgegangen, dass ein solcher Markt nur ein theoretisches Modell sei. Bis vor wenigen Jahren hat man es einfach nicht für möglich gehalten, dass es einen solchen Markt jemals wirklich geben könnte.[89] Doch inzwischen ist im Netz tatsächlich ein annähernd »vollkommener Markt« entstanden: E-Commerce ermöglicht es uns, immer überall zu shoppen – 24 Stunden am Tag, 7 Tage die Woche, 365 Tage im Jahr, egal wo wir gerade sind. Und noch nie war der Weg vom Kaufimpuls zu seiner Umsetzung so kurz. Um etwas zu kaufen, genügt es fast schon, nur daran zu denken. Alles, worauf wir spontan Lust bekommen, poppt innerhalb von Sekunden im Netz auf und kann sofort bestellt werden. Eine kurze Suchanfrage, und schon haben wir eine Übersicht aller Händler, die permanent bereitstehen, um unsere Bestellung entgegenzunehmen und uns schnellstmöglich zu beliefern. Mühelos finden wir das für uns beste Angebot zum besten Preis. Noch zwei Mausklicks und schon ist die Ware an uns unterwegs.

Kein »Brick-and-Mortar-Store« – also kein einzelnes Ladengeschäft an einem einzelnen Ort – könnte jemals ein auch nur annähernd so breites, tiefes, transparentes und niederschwelliges Angebot machen, wie es das Netz macht. Der E-Commerce ist dem stationären

Handel gegenüber sachlich und räumlich einfach immer überlegen. Nur zeitlich oft noch nicht. Denn noch ist es eben doch noch ein bisschen schneller, sich etwas selbst im Laden zu holen, als es sich liefern zu lassen. Doch auch daran wird gearbeitet. Die Onlinehändler und Onlineplattformen setzen alles daran, ihre Lieferzeiten von mehreren Tagen auf wenige Stunden zu verkürzen.

RETAIL APOCALYPSE

Selbstverständlich berührt die Digitalisierung fast alle Bereiche unserer Wirtschaft, aber kein Wirtschaftsbereich ist von der Digitalisierung so disrupted wie der Einzelhandel. Der E-Commerce sorgt für einen Strukturwandel, wie ihn die Einzelhandelsbranche selbst bei Einführung der Selbstbedienung nicht erlebt hat.[90] Bereits vor der Covid-19-Krise erreichten uns regelmäßig Meldungen wie Anfang 2019 diese aus Deutschland: »In den vergangenen Tagen gingen Retailer reihenweise in die Knie: AWG (300 Filialen), K+L (54 Häuser), Monsoon Accessorize (30 deutsche Stores), Gerry Weber (international über 800 eigene und 280 Partnerstores) [...]«[91] Oder fast gleichzeitig diese aus Großbritannien: »2018 gingen im britischen Einzelhandel rund 70.000 Arbeitsplätze verloren, nachdem Ketten wie Marks&Spencer und Debenhams Pläne bekannt gegeben hatten, hunderte von Läden zu schließen. Im Januar 2019 kündigte Tesco, der größte Einzelhändler Großbritanniens, die Streichung von nicht weniger als 9.000 Arbeitsplätzen an.«[92] Oder ein paar Monate später diese aus den USA: »Laut einer Aktualisierungsmitteilung von Crédit Suisse zu ihrem Ladenschließungsindex verzeichnete das Unternehmen die höchste je zu dieser Zeit des Jahres ermittelte Zahl in der vierundzwanzigjährigen Geschichte des Index: 7.600. Fast eine Milliarde Quadratmeter werden voraussichtlich aufgegeben, umgenutzt oder in der Miete heruntergehandelt werden müssen.«[93] Und so weiter.

Es versteht sich von selbst, dass die Schutzmaßnahmen gegen das Coronavirus, die ein genussvolles Offlineeinkaufen für Monate unmöglich machten und uns gar keine andere Wahl ließen, als uns mit dem Konkurrenzangebot im Netz anzufreunden, zahllosen bereits geschwächten stationären Händlern weltweit den Todesstoß versetzt haben. Allein in Deutschland werden für 2020 im Einzelhandel bis zu 50.000 Insolvenzen erwartet.[94] In Großbritannien droht der Verlust von zusätzlichen 235.704 Arbeitsplätzen im stationären Einzelhandel.[95] Und in den USA muss man davon ausgehen, dass im Zusammenhang mit dem Shutdown noch einmal fast 60 Prozent mehr Läden schließen werden als bereits im Jahr davor.[96] Bei solchen Zahlen drehen die Banken den stationären Einzelhändlern natürlich schon vorsorglich den Geldhahn ab.

Währenddessen starten die Onlinehändler mit schier unbegrenztem Venture-Kapital und großzügigen staatlichen Förderungen durch. Denn solche New-Economy-Unternehmen müssen noch nicht einmal Gewinn machen, solange sie ihre Geldgeber davon überzeugen können, dass auf alle Beteiligten später märchenhafte Gewinne und Steuereinnahmen warten, wenn man sich jetzt – buchstäblich ohne Rücksicht auf Verluste – Marktanteile sichert.[97] So bekam zum Beispiel der Boutiquen-Schreck Zalando noch kurz vor seinem Börsengang, der ihm über 600 Millionen Euro einbrachte, zusätzliche 35 Millionen Euro Subventionen aus deutschen Steuergeldern, ohne bis dahin kaum jemals Gewinn ausgewiesen zu haben.[98]

SHOWROOMING

Bis man Dinge im Internet bestellen konnte, gab es im Grunde nur eine einzige Möglichkeit, Dinge zu kaufen: Jeder musste zum Kauf von Kleidung oder Büchern oder Elektrogeräten während der Ladenöffnungszeiten in die Geschäfte in der Innenstadt. Wenn man auf dem Land lebte, musste man sogar erst einmal in die nächste Stadt fahren. Doch seitdem hat uns die Digitalisierung – zusätzlich zu dem stationären lokalen Einzelhandel – zahlreiche neue Einkaufs- und Bestellmöglichkeiten eröffnet.

Die stationären Händler erleben diese Konkurrenz aus dem Netz als eine existenzielle Bedrohung. Als einen Herausforderer, der sie zu Höchstleistungen antreibt. In einem unfairen Konkurrenzkampf, in dem der Onlinehandel ihnen in Bezug auf alle harten Faktoren haushoch überlegen ist, setzen die stationären Händler auf die weichen Faktoren. Da es im Netz sowieso immer die bessere Auswahl und die größere Verfügbarkeit zum besten Preis gibt, versuchen sie, durch menschlichen Kontakt, Inspiration und Emotionalisierung zu punkten. In ihrem Überlebenskampf verausgaben sie sich mit kostspieligen Inszenierungen und kräftezehrendem Service: Sie bauen um, machen Events, organisieren Live-Musik, bieten Workshops an, verschicken handgeschriebene Karten, machen Geburtstagsgeschenke, kochen Kaffee, schenken Sekt aus – alles, um uns für die angebotene Ware zu begeistern. Und das gelingt ihnen auch.

Aber eben oft nur noch das. Denn sowohl ihre Lieferanten als auch ihre Kund*innen missbrauchen sie als kostenlosen Showroom, in dem man Waren unverbindlich angucken, anfassen, an- und ausprobieren, Kaffee und Sekt trinken und sich eingehend beraten lassen kann … um dann im Netz zu bestellen. Auf diese Weise ist der unabhängige Einzelhandel schon wieder der Verlierer. Ihm entgleiten immer größere Teile des Verkaufsprozesses. Denn war der Laden bis vor Kurzem noch der eine Ort, an dem man sich informierte, begeistern ließ und dann kaufte, so findet all das jetzt an verschiedenen Orten statt: Die Menschen informieren sich zuerst im Netz, lassen sich im Geschäft begeistern, kaufen dann aber online.

So machen die unabhängigen stationären Einzelhändler mit immer mehr Aufwand immer weniger Umsatz. Oder vielmehr machen sie immer seltener Umsatz für sich und immer öfter Umsatz für die anderen.

VERTIKALISIERUNG IM NETZ

Als es noch keinen Onlinehandel, sondern nur stationären Handel gab, waren die großen Marken auf ein ausgedehntes Netzwerk von unabhängigen lokalen Händlern angewiesen. Nur so konnten sie die Menschen an allen Enden der Welt mit ihren Produkten erreichen. Das ist jetzt vorbei. Denn jetzt haben die Marken über ihre Webshops sowieso schon den direkten Zugang zu ihren Endkund*innen auf der ganzen Welt. Egal woher die Nachfrage nach ihren Produkten kommt, die großen Brands brauchen keinen Zwischenhändler vor Ort mehr, um sie zu bedienen. Sie können und wollen jetzt jedem ihre Waren und Dienstleistungen selbst verkaufen – mit voller Marge und vollem Zugriff auf seine persönlichen Daten. So werden die unabhängigen Einzelhändler als Vermittler zwischen Marke und Konsument durch den E-Commerce endgültig ausgebootet. Offline waren sie für die Marken Partner, die man brauchte, online sind sie nur noch Konkurrenten, die es auszuschalten gilt.

Gleichzeitig haben die unabhängigen Einzelhändler als wirtschaftliche Einzelkämpfer kaum Möglichkeiten, an dem Boom des E-Commerce zu partizipieren, indem sie ihre Sachen selbst im Netz verkaufen. Denn für diese meist kleinen Boutiquen lohnt sich der kosten- und zeitintensive Bau und Unterhalt eines eigenen Webshops oft nicht. Und selbst wenn sie einen liebevoll gepflegten Onlineshop mit selbst produzierten Fotos und selbst geschriebenen Texten an den Start bringen, findet dieser kaum Beachtung. Er geht in den Weiten des World Wide Web unter.

Also wurden Unternehmen wie Farfetch geschaffen, die das kleinteilige Angebot der vielen kleinen Boutiquen auf einer gemeinsamen

Plattform zu einem großen Angebot bündeln. So können die letzten noch überlebenden unabhängigen Multilabel-Händler ihren Markenmix nicht nur in ihren Boutiquen, sondern auch im Netz anbieten. Das funktioniert.

Es funktioniert für die Händler so gut, dass ihre Lieferanten auch hier das Geschäft lieber selbst machen wollen und ihre Produkte selbst auf Farfetch anbieten. »Paradoxerweise untergräbt die Plattform damit das Geschäftsmodell der Multilabel-Händler, die den Marktplatz heute ausmachen«, schreibt Branchen-Insider Jürgen Müller und sagt voraus, wie es weitergehen wird: »Die Multilabel-Händler werden von vielen Marken nicht mehr beliefert werden. Stattdessen werden die Brands dort am Ende selbst ihre Webshops andocken, weil die Plattform mehr Frequenz anzieht, als sie allein über Google generieren können und wollen. Es ist dasselbe Spiel wie an den Luxusmeilen der Metropolen. Dort wurden die Einzelhändler ebenso von den Monolabel Stores verdrängt. Die Digitalisierung wirkt so gesehen als Katalysator der Vertikalisierung.«[99]

DIE GRENZEN DES WACHSTUMS

Es ist noch nicht so lange her, da wurde das Zukunftsszenario in Umlauf gebracht, es werde bald keine Läden mehr geben, weil die Menschen alles per Katalog bestellen würden. Euphorisiert durch die Erfolge von Kataloghändlern wie Quelle und Otto machte man damals den Versuch, einfach alles per Katalog zu verkaufen. Es zeigte sich allerdings sehr bald, dass sich bestimmte Sachen hervorragend für den Distanzhandel eignen (zum Beispiel Gartengeräte), andere Sachen aber gar nicht (zum Beispiel Hosen). Manche Dinge muss man eben sehen, anfassen, an- und ausprobieren. Also konsolidierte sich das Katalogangebot, und man beruhigte sich wieder. Viele Kataloge wurden eingestellt, andere – wie Pro-Idee oder Impressionen – waren auch weiterhin sehr erfolgreich.

Heute sind es die E-Tailer (Retailer + E-Commerce = E-Tailer), die, wie James-Bond-Bösewichte, davon träumen, den stationären Handel restlos vom Antlitz der Erde zu tilgen und die Weltherrschaft an sich zu reißen. »Geschäfte sind Mittelalter. Sie wurden nur gebaut, weil es noch kein Internet gab«, tönt zum Beispiel Zalando-Gründer Oliver Samwer.[100]

In der Euphorie, die auch diese zweite Welle des Versandhandels um sich verbreitet, versucht man auch diesmal wieder, einfach gleich alles online zu verkaufen. Alles, was jemals offline angeboten wurde, glaubt man, mindestens so gut online anbieten zu können. Keine noch so kleine Lücke im Onlineangebot, die nicht aufgespürt und umgehend von einem besonders smarten Start-up besetzt wird. Man ist so im E-Commerce-Goldrausch, dass man sich noch nicht einmal die

Frage stellt, ob es nicht gute Gründe dafür geben könnte, bestimmte Produkte und Services eben nicht im Netz anzubieten. Manche Produkte eignen sich einfach nicht so gut für den Versandhandel wie andere. Onlineshops, die Kleidung verkaufen, haben zum Beispiel damit zu kämpfen, dass sie jedes zweite Teil zurückgeschickt bekommen. (Bei eigentlich allen anderen Produkten liegen die Retourenquoten unter zehn Prozent.)[101] So hat der kalifornische Mode-Onlinehändler Revolve 2018 zwar 499 Millionen Dollar umgesetzt. Die Abwicklung aller Retouren hat ihn aber 531 Millionen Dollar gekostet, und in diesem Betrag sind die Ausgaben für die kostenlose Rücksendung noch nicht einmal enthalten.[102]

Selbstverständlich wird der E-Commerce unsere Welt jetzt viel einschneidender und nachhaltiger verändern, als der Versandhandel durch Kataloge es konnte. Vieles hat sich seitdem geändert. Nicht geändert hat sich aber, dass manche Produkte für den Distanzhandel gut geeignet sind. Und andere eher ungeeignet. So wird im E-Commerce mittelfristig eine ähnliche Konsolidierung stattfinden wie damals im Kataloghandel: In vielen Bereichen wird man das Angebot noch enorm ausbauen können. In anderen Bereichen wird die Blase platzen – Angebote, die zurzeit noch mit gigantischen Beträgen als vermeintlich zukunftsträchtig subventioniert werden, werden sich wieder aus dem Netz zurückziehen.

LÄDEN, DIE KEINE LÄDEN MEHR SIND

Dass Geschäfte nicht nur deshalb gebaut wurden, weil es noch kein Internet gab, wird immer deutlicher. Die »Experience« im Brick-and-Mortar-Store erweist sich für den Verkauf vieler Produkte als unverzichtbar. Alle großen Marken sind sich längst darüber im Klaren, dass sie zum Aufbau und Erhalt eines internationalen Markenimperiums nicht nur Markenbotschafter, sondern auch repräsentative Botschaftsgebäude brauchen. Das heißt, sie brauchen zusätzlich zu ihren Onlineshops auch weiterhin physische Anlaufstellen an strategisch wichtigen Orten – nur eben nicht mehr so viele. Wenn eine Marke zum Beispiel Italien erobern will, braucht sie ein Geschäft in Mailand und eins in Rom.[103] Den Rest kann sie online machen. So reduzieren Marken derzeit ihre vielen kleinen Läden in vielen kleinen Städten zugunsten von wenigen großen Flagship-Stores in wenigen großen Städten.[104]

Diese ständigen Vertretungen der Marken selbst müssen gar nicht unmittelbar rentabel sein. Im Gegensatz zu den unabhängigen Ladeninhabern kann es den Marken selbst nämlich ziemlich egal sein, ob die Kund*innen a) ihr Produkt im Laden kaufen und sofort mitnehmen oder b) später online bestellen und nach Hause liefern lassen oder c) im Laden bestellen und nach Hause liefern lassen oder d) online bestellen und in den Laden liefern lassen. Hauptsache, sie kaufen es.

So sind die Flagship Stores für die großen Marken immer mehr Repräsentanzen und immer weniger Verkaufspunkte. Sie müssen gar keine Waren mehr verkaufen. Sie wollen es zum Teil noch nicht einmal mehr. Vielmehr geht es darum, Orte zu schaffen, an denen man Produkte erleben, anschauen, anfassen, an- und ausprobieren kann (wie zum Beispiel in den Apple Stores). An manchen dieser Orte gibt es nur noch Musterteile zum Anprobieren und gar keine Ware zum Mitnehmen mehr (wie zum Beispiel in den amerikanischen »Zero Inventory Stores« der Marke Bonobos). An anderen Orten gibt es sogar überhaupt keine Produkte mehr (wie zum Beispiel in einer »Adidas Runbase«). In diesen Läden, die keine Läden mehr sind, geht es nur noch darum, die Produkte – oder die Marke hinter den Produkten – für uns erlebbar zu machen. Diese Lokale haben nicht mehr den Zweck, maximale Umsätze pro Quadratmeter zu machen, sondern maximale Erlebnisse pro Quadratmeter zu bieten – Erlebnisse, die uns emotionalisieren, an die Marke binden und Begehrlichkeit wecken sollen. Im Idealfall sind diese Läden (oder vielmehr Nichtläden) wie ein Parcours, der uns mithilfe von sachkundigen Produktbotschaftern und neuester Technologie Sensationen beschert, die wirklich einzigartig, beeindruckend und unvergesslich sind. So unvergesslich, dass sie als Erfahrung einen bleibenden positiven Eindruck in unserer Psyche hinterlassen und so für die Unternehmen langfristig mehr Umsatz generieren, als ein schnödes Verkaufsgeschäft es könnte.[105]

Dank solcher Vorarbeit können die Marken sich dann in ihren Webshops die stimmungsvolle Inszenierung sparen: Mit der Emotionalität eines Schraubenregals im Baumarkt werden dort die Waren einfach in einer tabellarischen Übersicht präsentiert. Egal ob Druckerpatronen oder Spitzendessous – alles wird in derselben Operationssaal-Beleuchtung vor demselben weißen Hintergrund abgelichtet. Sogar die Gesichter der Models, die eigentlich für unser Gehirn einen besonderen Wert haben und unmittelbar das Belohnungszentrum ansprechen,[106] werden meist einfach abgeschnitten.

All das macht nichts, denn nachdem die Flagship Stores die Menschen zum Kauf von Dingen verführt haben, brauchen die Onlineshops diese Käufe ja nur noch abzuwickeln.

OMNICHANNEL MARKETING

Als der E-Commerce entstand, konnte man zunächst den Eindruck gewinnen, als wären die virtuellen »Shops«, in denen es einen »Warenkorb« und eine »Kasse« gibt, im Grunde genauso wie ein Krämerladen, nur in digital. Selbst als man anfing, von »Omnichannel« zu sprechen, klang es meist noch so, als würden der stationäre Handel und der Onlinehandel einfach ab jetzt parallel zueinander genau das Gleiche tun, nämlich verkaufen, nur auf anderen »Kanälen«.

Inzwischen wird aber immer offensichtlicher, dass die *Shopping Experience* in einem Onlineshop in Bezug auf alle harten und weichen Faktoren des Einkaufens vollkommen anders ist als in einem stationären Laden und es auch immer bleiben wird. Deshalb haben der stationäre Handel und der Onlinehandel angefangen, den Prozess des Verkaufens – ihren jeweiligen Stärken und Schwächen entsprechend – unter sich aufzuteilen. Sie konkurrieren nicht mehr miteinander, sondern verkaufen gemeinsam, mit verteilten Rollen. Jeder macht das, was er am besten kann. Dieses überlegene Modell wird sich langfristig durchsetzen.

In absehbarer Zukunft werden die virtuelle und die physische Welt uns auf unserer *Customer Journey* abwechselnd an die Hand nehmen, um uns zum Kauf von Produkten und Dienstleistungen zu führen: Das World Wide Web wird uns auf die Marke aufmerksam machen, uns das Produkt vorschlagen. Aber erst die Erfahrungen im echten Leben, die persönlichen Begegnungen und die sinnlichen Erlebnisse, die direkt oder indirekt im Zusammenhang mit dem Produkt stehen, machen es für uns wirklich begehrlich. Ist die Entscheidung für das Produkt dann gefallen, übernimmt der Onlineshop – mit einem Rundum-sorglos-Paket aus nahezu unbegrenzter Warenverfügbarkeit, diskreter Abbuchung des Geldes und immer schnellerer Lieferung, wohin wir wollen.

THE END OF OWNERSHIP

Bei vielen Konsumprodukten erledigt sich die Frage, ob wir sie in einem Ladengeschäft kaufen oder ob wir sie im Netz bestellen, ohnehin gerade von selbst. Die Antwort ist hier: weder noch. Denn diese Produkte, die früher einmal Gegenstände waren, sind jetzt gar keine Gegenstände mehr. Musik, Spiele und Filme sind Daten, die keine Datenträger wie Schallplatten, Kassetten oder Discs mehr brauchen. Man muss sie weder in einem Laden holen noch sich in einem Paket nach Hause schicken lassen. Auch Bücher, Zeitschriften, Zeitungen und Landkarten sind Inhalte, die sich ohne Papier verbreiten können.

Es ist noch nicht einmal mehr klar, ob man Dinge wie Filme, Musik, E-Books, E-Paper oder Software überhaupt noch besitzen kann.[107] Ist ja auch gar nicht mehr nötig. Landkarten, Nachschlagewerke, Serien, Spiele und Musik muss man weder physisch noch digital besitzen, um in ihren Genuss zu kommen. Wired-Gründer Kevin Kelly schrieb 2009: »Warum sollten Sie irgendetwas besitzen, wenn Sie im größten Verleih der Welt lebten? Wenn das ein magischer Verleih wäre, in dem ein Gegenstand oder ein Service auf Ihr Kommando erscheinen würde, sobald Sie ihn herbeirufen? Das Internet ist dieser magische Verleih.«[108] Das World Wide Web hat die Welt in eine unendlich große Jukebox verwandelt, aus der wir alle möglichen Inhalte und alle möglichen Formen der Unterhaltung und Information jederzeit und überall abrufen können.

Allerdings ist diese Jukebox noch nicht ausgereift. Denn genauso wie nicht mehr klar ist, ob man digitale Dinge noch besitzen kann, ist auch noch nicht wirklich klar, wie man digitale Dinge verkaufen und vermieten kann. Wir befinden uns in einer Übergangsphase, in der es vielen Journalisten, Fotografen, Autoren und Musikern nicht mehr gelingt, mit ihren Inhalten analog angemessen Geld zu verdienen, aber auch noch nicht wirklich gelingt, sie digital zu vermarkten.

Musiker zum Beispiel, die früher von dem Verkauf von Tonträgern leben konnten, sehen sich jetzt dem massenhaften illegalen Download ihrer Musik schutzlos ausgeliefert. Und selbst wenn eines ihrer Lieder legal gestreamt wird, zahlen Spotify und Apple Music nur ungefähr ein Tausendstel eines Cents an die Musik-Labels. Und selbst davon kommt dann nur ein Bruchteil beim Künstler an.[109] So können Musiker im Grunde nur noch über Live-Auftritte, Werbeverträge und Lizenzen Geld verdienen. Ende der 1980er-Jahre, als Alben noch Schallplatten waren, konnten U2 ihr Album *The Joshua Tree* 18 Millionen Mal verkaufen. Es landete auf Platz 59 der meistverkauften Alben aller Zeiten. 2014, als Alben nur noch digitale Daten waren, versuchten U2 gar nicht erst, ihr neues Album *Songs Of Innocence* zu verkaufen, sondern verschenkten es gleich an sämtliche iTunes-Kunden.

»In dem Moment, in dem Schöpfungen digital werden, neigen sie dazu, allgemein verfügbare, herrenlose Güter zu werden«, schreibt Kevin Kelly an anderer Stelle. »Auch wenn sie nicht durch Steuern finanziert werden, sind Bücher, Musik und Filme, dadurch dass sie zunehmend öffentlich zugänglich werden, auf dem Weg, Gemeingut zu werden.«[110]

Vor der Digitalisierung war es zum Beispiel selbstverständlich, dass man ein Lexikon kaufen (oder sich schenken lassen) musste, um es als Nachschlagewerk griffbereit zu haben. Es war ebenfalls selbstverständlich, dass die Autoren solcher unentbehrlichen Standardwerke angemessen entlohnt wurden. Wikipedia, der digitale Nachfolger dieser Schwarten, ist für uns mindestens so unentbehrlich wie damals zum Beispiel Der Brockhaus. Weil seine Inhalte für jeden frei zugänglich sind, kann Wikipedia aber – im Gegensatz zum Brockhaus – nur durch kostenlosen User-Content und freiwillige Spenden existieren.

In seiner Onlineausgabe fragt mich The Guardian, ob ich vielleicht mal einen Euro für ihn hätte, und klingt dabei wie die Obdachlosen, die einen in der U-Bahn ansprechen: »Jede auch noch so kleine Spende, die wir von Lesern wie Ihnen bekommen, fließt direkt in die Förderung unseres Journalismus. Diese Unterstützung ermöglicht es uns, weiter so zu arbeiten wie bisher. Unterstützen Sie den Guardian. Jeder Euro hilft – und es dauert auch nur eine Minute. Vielen Dank.« So ist weltweit anerkannter Qualitätsjournalismus durch die Digitalisierung auf das Vertriebsmodell von Obdachlosenzeitungen zurückgeworfen. Starjournalisten sind zu Bettlern geworden, die ihre Leser um Almosen bitten müssen.

NATÜRLICHE UND KÜNSTLICHE VERKNAPPUNG

Welchen Effekt Verknappung auf uns hat, haben die Psychologen Worchel, Lee und Adewole in zwei einfachen Experimenten gezeigt:

Zunächst baten sie zwei Gruppen von Leuten, Kekse zu probieren und zu bewerten. Der einzige Unterschied war, dass den Leuten aus der einen Gruppe die Kekse in einem Glas mit zehn Keksen angeboten wurden und der anderen Gruppe in einem Glas mit nur zwei Keksen. Tatsächlich bewertete die Gruppe mit den zwei Keksen dieselben Kekse als viel begehrenswerter und leckerer als die Gruppe mit den zehn Keksen.

Dann variierten die Forscher das Experiment: Sie zeigten einer dritten Gruppe zuerst das Glas mit den zehn Keksen. Aber kurz bevor der Versuchsteilnehmer einen Keks probieren konnte, nahm der Versuchsleiter acht Kekse wieder weg, sodass auch hier wieder nur noch zwei Kekse im Glas waren. Diese dritte Gruppe, die zuerst zehn Kekse hatte, dann aber auf zwei Kekse herabgesetzt wurde, bewertete die Kekse als noch leckerer und begehrlicher als die beiden anderen Gruppen.[111]

Diese Experimente zeigen, wie Dinge, die ohnehin schon eine starke Anziehungskraft auf uns ausüben (Kekse), für uns durch Verknappung noch attraktiver werden. Während der Coronakrise konnten wir sogar beobachten, dass selbst vollkommen unattraktive Dinge (Klopapier) durch Verknappung für uns unwiderstehlich werden: Eine eher beiläufig veröffentlichte Mutmaßung darüber, dass Klopapier unter bestimmten Umständen knapp werden könnte, wurde so zur Selffulfilling Prophecy. Obwohl fast alle sich sofort darüber einig waren, dass der Kauf von Klopapier die lächerlichste aller denkbaren Pandemiemaßnahmen sei, konnte kaum jemand der Versuchung widerstehen, sich umgehend selbst eine Extraration des »weißen Goldes« zuzulegen.

Dass uns Dinge umso begehrlicher erscheinen, je knapper sie sind, liegt in unserer Natur. Die Evolution hat uns beigebracht, uns alles zu sichern, was nur begrenzt verfügbar ist, weil man nie weiß, wann es das nächste Mal verfügbar sein wird. Deshalb erscheinen uns Dinge schlagartig wertvoller, wenn uns klar wird, dass sie selten sind.

Aus heutiger Sicht ist es kaum noch vorstellbar, aber vor der Digitalisierung war ganz normales Shopping ständig mit Knappheit verbunden: Im Frühjahr wurde zum Beispiel das bisschen Sommerkleidung geliefert, welches die lokalen Modeboutiquen für die Bewohner*innen des Städtchens bestellt hatten. Damit war die Jagd eröffnet. Wer gut aussehen oder einfach nur einigermaßen vernünftig gekleidet sein wollte, musste schneller sein als die anderen und sich die besten Teile sichern, bevor sie ihm jemand anderes wegschnappte. Denn die meisten Teile gab es nur einmal pro Größe. Und was weg war, war weg.

Manchen gelang es durch Reisen, ihr Jagdrevier zu erweitern und besonders seltene oder exotische Beute mit nach Hause zu bringen – zum Beispiel eine Original Levi's-501-Jeans aus den USA. Je seltener etwas war und je schwerer es zu bekommen war, desto reizvoller wurde die Jagd danach und desto kostbarer war die Beute.

Wir kennen das alle: Eigentlich waren wir gar nicht sicher, ob uns die Schuhe überhaupt gefallen, aber seit dem Moment, in dem uns der Verkäufer gesagt hat, dass sie in unserer Größe nicht mehr da sind, haben wir das Gefühl, ohne diese Schuhe nicht mehr leben zu können.

Durch die Globalisierung und die Digitalisierung können wir jetzt den umgekehrten Effekt beobachten, denn wir erleben keine zunehmende Verknappung, sondern eine zunehmende Verfügbarkeit: Die Globalisierung hat dafür gesorgt, dass alles, was man früher nur in bestimmten Ländern oder an bestimmten Orten bekommen konnte

– amerikanische Kleidung, asiatische Lebensmittel, skandinavische Möbel –, jetzt weltweit erhältlich ist. Und dank Onlineshopping haben wir auf dieses globale Warenangebot jetzt den uneingeschränkten Zugriff, zu jeder beliebigen Zeit, von jedem beliebigen Ort aus. Von Verknappung keine Spur mehr. All die *Hard-to-Get-Items*, denen man früher nachgejagt ist, die umkämpft waren, können wir jetzt jederzeit mit einem Mausklick in den Warenkorb befördern oder auch wieder daraus entfernen, wenn uns danach ist. Mit einer Jagd hat das gar nichts mehr zu tun. Das Einzige, was man im Netz noch jagen kann, ist der beste Preis. Aber auch das übernehmen nach und nach Preisroboter für uns.

Wenn die Verknappung von Dingen bei uns Begehrlichkeit weckt, dann bewirkt ihre zeitlich und räumlich uneingeschränkte Verfügbarkeit bei uns das Gegenteil: Gelangweilt schlendert man durch TK Maxx, legt eine Bodylotion in den Plastik-Trolley, ein T-Shirt, ein paar Sportsocken, eine Tüte Chips … Auf dem Weg zur Kasse stellt man jedoch fest, dass sich dort eine Warteschlange gebildet hat, die noch über die dafür vorgesehene Gasse hinausreicht. Also verlässt man den Laden und lässt den halbvollen Trolley einfach stehen. Nichts darin ist einzigartig oder unwiederbringlich. Die Creme, das Shirt, die Socken, die Chips – all das kann man jederzeit überall kaufen oder bestellen.

Die Waren haben ihr einmaliges Hier und Jetzt verloren und das Shopping sein unwiederbringliches Jetzt oder Nie. Man muss nichts mehr sofort kaufen, wenn man es haben will. Man kann alles genauso gut später noch bestellen. In diesem unendlichen Pool von Waren, auf den wir über das World Wide Web zugreifen können, ist genug für alle da. Mehr als genug. Im Modehandel zum Beispiel ist das Angebot grundsätzlich 30 bis 40 Prozent höher als die Nachfrage.[112] So sind selbst im Sale meist noch alle Farben und Größen im Angebot.

Da es uns an nichts mangelt, ist auch nichts mehr Mangelware. Da nichts mehr selten ist, hat auch nichts mehr Seltenheitswert. Um überhaupt einmal wieder das Jagdfieber zu spüren und echte Begehrlichkeit zu empfinden, muss schon künstlich Mangel erzeugt werden. Luxusunternehmen wie Rolex und Hermès machen das schon immer so. Sie wissen, dass ein Uhrensammler, den man einmal absichtlich leer ausgehen lässt, sich nie wieder eine limitierte Uhr entgehen lassen wird, und dass eine Kundin, wenn man sie nur lange genug auf eine Handtasche warten lässt, sich sofort auf die Warteliste für die nächste setzen lassen wird. Und beide werden sich beim nächsten Mal glücklich schätzen, eine Uhr beziehungsweise eine Handtasche für 7.000 Euro kaufen zu »dürfen«.

Dass Luxusunternehmen so arbeiten, ist nichts Neues. Aber seit im Netz immer alles unbegrenzt verfügbar ist, arbeiten plötzlich auch die Hersteller von Massenware mit künstlicher Verknappung, um den Kick der begrenzten Verfügbarkeit zurückzuholen. Sie haben gelernt, dass es sich lohnt, von Zeit zu Zeit einfach mal nur zwei Kekse ins Glas zu legen. Deshalb bringen sie jetzt in regelmäßigen Abständen limitierte Editionen und Kapselkollektionen auf den Markt, die es nur in begrenzter Menge, für begrenzte Zeit und an bestimmten Orten gibt.

Und weil wir es inzwischen so gewöhnt sind, alles, was wir wollen, per Mausklick sofort bekommen zu können, reizt es uns natürlich bis aufs Blut, wenn es plötzlich mal nicht so ist. Adidas zum Beispiel brachte 2015 gemeinsam mit Kanye West sechs limitierte Yeezy-Sneaker-Modelle auf den Markt – sofort ausverkauft. 2018 waren es bereits zwölf, und 2019 waren es schon im ersten halben Jahr neunzehn Modelle – immer sofort ausverkauft. Dabei wird uns noch nicht einmal gesagt, auf welche Stückzahl die Serien begrenzt sind. Die bloße Tatsache, *dass* sie begrenzt sind, genügt, um uns ganz verrückt zu machen.

Vor dem »Drop« von limitierten Sneakern übernachten die Kids auf dem Bürgersteig vorm Laden – mit dem Geld, das sie von Oma bekommen haben, in der Tasche. Und wenn der Laden morgens aufmacht, werden sie unter den Ersten sein. Sie werden sich für 220 Euro Sneaker kaufen. Das steht für sie fest. Auch wenn sie anhand des Fotos, das vorab veröffentlicht wurde, noch nicht einmal genau wissen können, wie die Schuhe aussehen werden. Aber das macht nichts. Denn, falls sie ihnen nicht gefallen, haben die Jugendlichen die Gewissheit, dass sie die begehrten Jagdtrophäen jederzeit auf StockX oder eBay gewinnbringend an andere Sammler verkaufen können.

2019 wurde ein Paar Nike-Sneaker für 475.500 Dollar versteigert. Es war das einzige ungetragene von nur zwölf jemals produzierten Paaren dieses Modells.[113] In einer Warenwelt, in der Seltenheit selten geworden ist, hat echte Seltenheit eben einen ganz besonderen, ja, Seltenheitswert.

GEISTERSTÄDTE

Es sind die Boutiquen, die Restaurants, die Kinos, die uns in die Innenstädte locken. Aber diese Boutiquen, Restaurants und Kinos haben jetzt Konkurrenz im Netz bekommen: Seit wir unsere Kleidung online bestellen, uns unser Abendessen liefern lassen und Filme streamen, haben wir immer weniger Grund, in die Innenstadt zu gehen. So kommen nach und nach immer weniger Leute in die Innenstädte. Und weil immer weniger Menschen kommen, können sich in den teuren Innenstadtlagen immer weniger Händler halten. Und die noch verbleibenden Läden können nur noch eine reduzierte Auswahl an Waren anbieten. Und diese kleinere Auswahl ist natürlich noch weniger attraktiv, sodass noch weniger Leute in die Innenstadt kommen. Die Abwärtsspirale aus sinkender Frequenz und schrumpfendem Angebot ist schon längst nicht mehr aufzuhalten.

Stadtzentren leben von einem auf engstem Raum verdichteten Angebot an Shopping, Gastronomie und Unterhaltung. Das innerstädtische Angebot ist jedoch bereits so löchrig und ausgefranst, dass es uns keinen Spaß mehr macht, zu Fuß die Läden abzuklappern, weil die Durststrecken zwischen den für uns interessanten Geschäften zu groß geworden sind. Insofern ist die Restfrequenz in den Innenstädten nicht nur quantitativ viel geringer als früher, sie ist auch qualitativ anders. Wir sind nicht nur seltener in den Innenstädten unterwegs, wir haben auch das Flanieren eingestellt. Wir bummeln nicht mehr durch die Geschäfte. Stattdessen fahren wir ganz gezielt die Geschäfte an, die uns interessieren, und steigen danach sofort wieder ins Auto und sind weg. So sind auch die Läden in den Eins-a-Innenstadt-Lagen zu »Destination Stores« geworden – also nicht Läden, in die man mal eben reingeht, weil man sowieso gerade daran vorbeiläuft, sondern Läden, zu denen man entweder gezielt hinfährt oder eben nicht.

Und wenn man ein Geschäft sowieso extra anfährt, dann braucht dieses Geschäft auch nicht mehr in der Innenstadt zu sein und schon gar nicht in einer Fußgängerzone. Früher kam es im Einzelhandel angeblich auf drei Dinge an: Lage, Lage und Lage. Das gilt jetzt allenfalls noch an touristischen Hotspots, an denen genügend Ortsfremde orientierungslos durch die Straßen taumeln. An allen anderen Orten hängt der Erfolg eines Geschäftes heute nicht mehr von seiner Lage ab, sondern davon, ob sein Angebot kompetent genug, attraktiv genug und einzigartig genug ist, um eine gezielte Anfahrt zu rechtfertigen.

Und ein solches Angebot ist häufig in Off-Lagen leichter zu machen. Denn dort ist die Quadratmetermiete günstiger und die Möglichkeit entsprechend größer, eine breite Auswahl zu lagern und großzügig zu präsentieren. Und den kostenlosen Kundenparkplatz vor der Tür gibt's noch dazu. Ein Geschäft wie Andreas Murkudis in Berlin oder Rick Owens in Los Angeles muss genauso wenig in der Innenstadt sein wie ein Baumarkt. Die Innenstädte brauchen nach wie vor die Läden, aber die Läden brauchen die Innenstädte nicht mehr. So wird das ursprünglich dichte Angebot in den Stadtzentren nicht nur durch Geschäftsaufgaben, sondern auch durch die Abwanderung von Geschäften immer mehr ausgedünnt.

In England[114] und Frankreich[115] zum Beispiel steht jetzt schon mehr als jeder zehnte Laden leer. Auch in den deutschen Großstädten sind die kommerziellen Stadtzentren wie eingekocht. Das Leben, das früher auch in den Seitenstraßen der gesamten Innenstadt pulsierte, konzentriert sich jetzt auf die jeweils prominenteste Einkaufsmeile: den Ku'damm in Berlin, die Kö in Düsseldorf, die Mö in Hamburg … Und aus den kleineren und mittleren Orten ist diese Vitalität bereits komplett verschwunden. Dort sind die ehemals lebendigen Ortskerne zu deprimierenden Geisterstädten geworden, in denen der Wind Steppenhexen durch die leeren Straßen treibt. »Krapfen haben in der Mitte eine Füllung, Donuts haben in der Mitte ein Loch«, schreibt der Raumentwickler Roland Gruber. »Viele Dörfer, Kleinstädte und Mittelstädte sind zu Donuts geworden.«[116]

Dieser Niedergang der Innenstädte hat Nebenwirkungen. Denn die kommerziellen Zentren der Städte waren ja immer auch Treffpunkte. In der gesamten Geschichte der Menschheit waren die Märkte und Handelsplätze immer auch Begegnungsstätten. So haben die Menschen mit den lebendigen Innenstädten ihren wichtigsten »dritten Ort« verloren, das heißt, einen Ort, an dem sie sich – neben ihrem Zuhause (erster Ort) und ihrem Arbeitsplatz (zweiter Ort) – gerne aufhalten und an dem sie zusammenkommen. Sie vermissen diesen dritten Ort, der die Innenstadt früher war, und sie vermissen die Begegnungen, denen er Gelegenheit gab. Sie vermissen das Straßenleben. Sie vermissen das gemeinsame Konsumieren miteinander und nebeneinander in der Innenstadt als soziales Ereignis. Wenn wir, statt in die Stadt zu gehen, jetzt zu Hause auf unserem Sofa sitzen und uns Kleidung bestellen, uns Essen liefern lassen und Filme streamen, dann ist das zwar sehr bequem, aber eben auch sehr einsam. Und das wird irgendwann zum Problem. »Wenn Menschen sich nicht mehr begegnen«, so warnt die Journalistin Sophie Burfeind eindringlich, »schwindet der Zusammenhalt. Einheimische bleiben unter sich, Zugezogene fremd, Alte und Junge lernen sich nicht mehr kennen, über Politik spricht man daheim mit Freunden, die sowieso dieselbe Meinung haben. Das Verständnis für andere geht verloren, wenn man die Welt nur noch aus dem eigenen Blickwinkel betrachtet.«[117]

Menschen, die nur noch allein auf Bildschirme starren, bezahlen inzwischen schon Geld dafür, dasselbe gemeinsam mit anderen zu machen (Public Viewing). Das zeigt, wie sehr sie den dritten Ort vermissen und welche Chance darin liegt, ihn neu zu erfinden.

DISTANZHANDEL

Jeder stationäre Einzelhändler weiß ganz selbstverständlich, dass man einem Menschen nur dann etwas verkaufen kann, was er nicht sowieso gekauft hätte, wenn es einem gelingt, mit ihm in Kontakt zu treten. Deshalb setzen geschulte Verkäufer – besonders in den USA – alles daran, um mit uns ins Gespräch zu kommen: »Hi! How are you?« – »Nice shoes!« – »Where are you from?« – »Oh. Germany. Nice!« …

Onlinehändler hingegen fragen einen selbstverständlich nicht, wie es einem geht, denn sie betrachten sich selbst vor allem als nüchterne Logistikunternehmen beziehungsweise als »Technologieanbieter, die das Internet für ihre Kunden nutzbar machen wollen«, um es mit Amazon-Deutschland-Chef Ralf Kleber zu sagen.[118]

Für alles, was sich nicht in Zahlen fassen lässt, haben sie sowieso nur Spott übrig. Big Data ist ihre Religion. Das Sammeln und Auswerten von Daten ist für sie die Antwort auf jede Frage und die Lösung für jedes Problem. Deshalb werten sie auch lieber unsere Trackingdaten aus, als uns einfach mal zu fragen, was wir wollen. Spätestens die daraus resultierenden ungeschickten Produktempfehlungen der Algorithmen machen klar, dass hier Nerds am Werk sind, die von der Psychologie des Verkaufens weder Ahnung haben noch Ahnung haben wollen.

Das könnte ein Fehler sein. Der Zukunftsforscher Matthias Horx wusste bereits 2001 zu berichten:

»Als amerikanische Dot-com-Firmen vor einigen Monaten ›Call-back-Buttons‹ auf ihre Sites setzten, deren Betätigung den sofortigen Rückruf eines lebendigen Mitarbeiters der Firma nach sich zog, stiegen die Kaufbestellungen plötzlich rapide an. Obwohl die Kunden den Button gar nicht so häufig betätigten, schien sie die Möglichkeit menschlicher Gegenwart in massive Kauflaune zu versetzen.«[119]

Eine aktuelle Untersuchung bestätigt, dass die Wahrscheinlichkeit, dass wir in einem Onlineshop, den wir besuchen, tatsächlich auch etwas kaufen, bis zu 3.600 Prozent höher ist, wenn wir dort per Chat von einem Mitarbeiter angesprochen werden, als wenn es keine Möglichkeit zur direkten Kontaktaufnahme gibt.[120]

Trotzdem sind die meisten Onlineshops nach wie vor reine Selbstbedienungsläden. Und E-Tailer setzen alles daran, bloß nicht persönlich mit ihren Kund*innen reden zu müssen. Kontinuierlich verbessern sie die Firewall, mit der sie jeden Versuch der Kontaktaufnahme abblocken. Wohin wir auch klicken – von menschlicher Gegenwart keine Spur. Selbst wenn man als Kund*in bis ganz nach unten scrollt und irgendwo am alleruntersten Rand das winzig klein geschriebene Wort *contact* findet, ist man von tatsächlichem Kontakt noch unendlich weit entfernt. Bevor man dem Händler irgendetwas schreiben darf, muss man nämlich die eigene Intelligenz erst einmal von mehreren Seiten unfassbar dummer FAQs beleidigen lassen. Danach wird man gezwungen, dem Händler durch das Ausfüllen eines umfangreichen »Kontaktformulars« seine gesamten persönlichen Daten preiszugeben. Und zum Schluss muss man sich noch verschiedenen Tests unterwerfen, um dem Roboter, mit dem man da gerade kommuniziert, zu beweisen, dass man selbst – im Gegensatz zu ihm – kein Roboter ist. Das ist dann schon so absurd wie der Moment, in dem man feststellt, dass das Bankinstitut, dem man gerade sein gesamtes Vermögen anvertraut hat, den Plastikkugelschreiber angekettet hat, mit dem man das Ganze unterschreiben soll.

BIG DATA

Gerade hat man mit seinem Partner über ein bestimmtes Reiseziel oder über eine bestimmte Marke gesprochen. Und kurz darauf werden einem im Netz Hotels an genau jenem Ort und Produkte von genau dieser Marke vorgeschlagen? Das ist kein Zufall. Ja, sie hören unsere Gespräche mit.[121] Sie lesen unsere Nachrichten. Sie überwachen, wonach wir auf Google suchen. Sie analysieren, was wir auf Facebook posten. Sie werten aus, was wir auf Instagram liken. Sie orten uns über unser Telefon. Sie speichern unsere Einkaufshistorie. Sie wissen, welchen Werbeclip wir uns angesehen haben, und haken nach … Unsere Privatsphäre und unsere Persönlichkeitsrechte werden so regelmäßig verletzt, dass wir uns noch nicht einmal mehr darüber aufregen. Und das ist erst der Anfang. Die Industrie ist ja gerade erst auf den Geschmack gekommen.

Und weil es beim Onlineshopping bereits so gut klappt mit der Überwachung, liegt es natürlich nahe, uns auch im Umfeld der Läden zu überwachen: Schon bei der Einfahrt ins Parkhaus registrieren sie anhand des Kennzeichens, woher wir kommen. Beim Betreten der Mall identifizieren sie per Wi-Fi unser Handy. Mit Wärmekameras und Fußbodensensoren können sie uns durch die Geschäfte verfolgen.[122]

Jeder Schritt, den wir online und offline machen, wird getrackt. Wir leben in einem Überwachungsstaat, in dem Unternehmen – mit oder ohne unser Wissen – Daten über uns sammeln und diese Daten auf Arten auswerten, nutzen und zu Geld machen, denen wir nicht, oder zumindest nicht wissentlich, zugestimmt haben. Und das alles, um herauszufinden, welche Produkte sie uns noch verkaufen könnten.

Die Methoden sind beunruhigend. Die Ergebnisse sind es nicht: Ich habe zum Beispiel bei Zalando Badelatschen bestellt. Seitdem schlägt mir der Shop im Wochenrhythmus Badelatschen vor und macht dabei gleich vier Fehler auf einmal. Erstens: Die Badelatschen waren nicht für mich, sondern für meine Freundin. Zweitens: Meine Freundin trägt zwar Badelatschen, sie sammelt aber keine Badelatschen. Drittens ist inzwischen nicht nur der Urlaub, sondern auch der ganze Sommer vorbei. Und viertens sind die Badelatschen, die Zalando mir vorschlägt – sowohl von den Marken als auch von den Modellen –, das exakte Gegenteil dessen, was mir oder meiner Freundin gefällt.

Stellen Sie sich vor, so etwas wäre offline, also in einem Laden, passiert. Stellen Sie sich vor, Sie hätten in einem Geschäft als Weihnachtsgeschenk für Ihre sechsjährige Patentochter ein Paar schlichte graue Wollhandschuhe gekauft. Im Frühling betreten Sie dasselbe Geschäft wieder, und derselbe Verkäufer, der Sie das letzte Mal beraten hat, zeigt Ihnen unaufgefordert eine Auswahl quietschbunter Kinderhandschuhe aus Acryl.

Selbst der schlechteste, unterbezahlteste, lustloseste Verkäufer würde keinen der vier Fehler machen. Er würde irgendetwas vorschlagen, bei dem zumindest eine winzige Möglichkeit besteht, dass Sie oder Ihr Patenkind im Frühling etwas damit anfangen können. Und selbst der unsensibelste Verkäufer könnte Ihren Geschmack mit einem einzigen Blick besser einschätzen als der Algorithmus.

Das hält die Repräsentanten der großen und kleinen Internet-Player aber selbstverständlich nicht davon ab, sich selbst und ihren Investoren einzureden, sie hätten uns schon längst durchschaut, sie hätten uns mit ihrem Algorithmus gehackt. So erklärte Zalando – um bei dem Beispiel zu bleiben – 2018 (also zeitgleich mit den Badelatschen-Vorfällen), dass bei ihnen die automatisierte Produktempfehlung auf der Basis von Algorithmen schon perfekt funktioniere. Sie sei so erfolgreich, dass man auf die bisher mit Produktempfehlungen betreuten zweihundert Mitarbeiter*innen jetzt verzichten könne.[123]

Seit über zehn Jahren arbeiten Firmen wie Zalando und Amazon mit vollem Einsatz und unbegrenzten finanziellen Mitteln an Kundenversteher-Software. Wenn die Arbeit in dem bisherigen Tempo weitergeht, dann wird es noch viele weitere Jahrzehnte dauern, bis wir für sie tatsächlich berechenbar geworden sind. Vielleicht ist die Frage aber auch gar nicht, wann es so weit sein wird, sondern ob es jemals wirklich so weit sein wird. Vielleicht sollte man sich langsam mal die Frage stellen, ob sich so etwas wie menschlicher Geschmack tatsächlich mit einem Algorithmus berechnen lässt. Denn dazu müsste man schließlich erst einmal all die Kindheitserinnerungen, all die schönen Erlebnisse und schlechten Erfahrungen, die unseren Geschmack im Laufe der Jahre geprägt haben, auf den Computer übertragen. Selbst Künstliche-Intelligenz-Guru Stuart Russell glaubt nicht mehr daran, dass Maschinen eines Tages unsere Vorlieben werden erfassen können: »Es ist unmöglich, all unsere Ziele, Nebenziele, Ausnahmen und Vorbehalte einzubeziehen und richtig zu gewichten oder auch nur zu wissen, welche die richtigen sind.«[124]

In der Musikforschung versuchen Wissenschaftler in England, USA und Israel seit Jahrzehnten, den Erfolg von Musik berechenbar zu machen. Mithilfe von Computerprogrammen wurden sämtliche Hits der Popgeschichte analysiert, um vorherzusagen, welche Musik erfolgreich sein wird und welche nicht. Trotz aller Bemühungen lag die Trefferquote selbst im besten Fall nur bei 60 Prozent.[125] Dabei ist Musik im Vergleich zu den meisten anderen Konsumprodukten noch relativ leicht zu analysieren, weil sie »nur« aus Schallwellen besteht. Eine Hose zum Beispiel ist da schon sehr viel schwieriger digital zu erfassen. Wenn ein Algorithmus schon nicht berechnen kann, ob wir ein Musikstück mögen werden, dann wird ein Algorithmus wahrscheinlich erst recht nicht berechnen können, in welcher Hose wir uns wohlfühlen werden.

MENSCHLICHE INTUITION VS. ARTIFICIAL INTELLIGENCE

1979 brachte der Sony-Gründer Akio Morita den legendären Walkman auf den Markt, ohne vorher irgendwelche Marktforschung betrieben zu haben: »Wir glauben nicht an Marktforschung für ein neues Produkt, das das Publikum noch nicht kennt. Deshalb machen wir nie welche.«[126] Morita hielt es nicht für sinnvoll, die Menschen vorab zu etwas zu befragen, was sie noch nicht kennen und sich auch nicht vorstellen können. Und es ist tatsächlich auch sehr unwahrscheinlich, dass eine Verbraucherbefragung den Impuls zu seiner visionären Erfindung (die sich schließlich 330 Millionen Mal verkaufte)[127] gegeben hätte. Unter Umständen hätte sie sie sogar verhindert. Für echte Produktinnovationen empfahl Morita daher: »Beobachte aufmerksam, wie die Leute leben, entwickle ein intuitives Gespür für das, was sie sich wünschen könnten, und folge ihm. Mach keine Marktforschung.«[128] Er war dagegen, Daten zu erheben, weil er wusste: Wer Daten hat, wird sich von ihnen leiten lassen und den Daten am Ende mehr vertrauen als seiner Intuition.

Aber das war 1979. Heute haben wir gar nicht mehr die Wahl, Daten zu erheben oder nicht. Denn wir haben die Daten bereits. Wir haben in den letzten vierzig Jahren ein System geschaffen, das selbsttätig Daten erhebt. Jeder Kiosk hat inzwischen in seiner Kasse eine Software, die ihm sämtliche Key Indicators zur Store Performance von Lollis und Leckmuscheln wahlweise als Balkendiagramm, Liniendiagramm oder Tortendiagramm darstellt. Kaum eine professionelle Software, die einfach nur einen Arbeitsablauf erleichtert, ohne dabei nicht auch massenhaft Daten zu generieren. Die meisten Unternehmen haben jetzt schon mehr Daten als Zeit, diese auszuwerten. Und es werden täglich mehr.

Und je mehr Daten wir haben, desto mehr vertrauen wir diesen Daten und desto weniger vertrauen wir uns selbst. Selbst die Entwicklung neuer Produkte, die immer als urmenschliche Fähigkeit galt, wurde schrittweise an Big Data übergeben. So ist die Warenwelt, die uns umgibt, inzwischen schon spürbar von Big Data geprägt. Die Dinge, die uns in Geschäften und Onlineshops angeboten werden, sind immer weniger von Menschen und immer stärker von Algorithmen gestaltet.

Unsere Kleidung zum Beispiel: Ursprünglich vertraute man das Entwerfen von Mode Menschen an, die gute Ideen für neue Kleidungsstücke hatten. Dass der Erfolg einer Marke von dem Bauchgefühl eines Einzelnen abhing, erschien den Managern großer Modeunternehmen aber irgendwann zu riskant. Also entzog man den Mode*schöpfern* das Vertrauen und ersetzte sie zur Sicherheit durch smarte Mode*designer*. Diese versprachen den Unternehmen, die Bedürfnisse der Menschen zu kennen und durch passende Produkte zu befriedigen. Doch dann kam Big Data. Und im Vergleich zu den harten Zahlen, die nun zur Verfügung standen, schienen die subjektiven Einschätzungen der Designer doch eher aus der Luft gegriffen. Also wurden die Mode*designer* entlassen und durch Produkt*manager* ersetzt. Diese Manager sollten neue Produkte auf der Grundlage von Verkaufszahlen entwickeln. Und tatsächlich haben sie die datenbasierte Produktentwicklung am Ende so weit perfektioniert, dass sie sich dadurch selbst abgeschafft haben. Den Job der Produktmanager machen jetzt Algorithmen.

Das musste so kommen. Die Unternehmen haben massenhaft Daten über unser Konsumverhalten gesammelt. Sie wollten alles über unsere Nachfrage wissen, um ihr Angebot perfekt darauf ausrichten zu können. Da ist es nur noch ein kleiner Schritt zu einem Algorithmus, der automatisch das passende Angebot zu unserer

Nachfrage errechnet. Die Unternehmen glauben aus den Daten ablesen zu können, was wir wollen, und sie geben uns, was wir wollen. So einfach.

Der Haken dabei ist, dass wir selbst nicht wissen, was wir wollen, bis wir es sehen.[129] Bis Sony den Walkman erfand, hatten die Menschen nicht gewusst, dass sie unterwegs Musik hören wollen. Wir hatten ja noch nicht einmal gewusst, dass wir uns unsere Telefone umhängen wollen, bis XouXou-Gründerin Yara Jentzsch Dib sich eine Kordel an ihre Handyhülle machte.[130] Auf diese eigentlich simple Idee wäre ein Algorithmus in hundert Jahren nicht gekommen, denn Big Data zeigt immer nur das, was ist, aber nie das, was sein könnte. Deshalb kann ein Algorithmus zwar bestehende Produkte und Abläufe optimieren, er kann aber keine wirklich neuen Produkte entwickeln. Denn echte Innovation erfordert genialen Einfallsreichtum und exzentrische Kreativität. Und das sind zwei Fähigkeiten, die – Machine Learning hin oder her – dem Menschen vorbehalten bleiben. Es gibt zwar künstliche Intelligenz, aber keine künstliche Intuition. Nur Menschen können sich über die Vernunft hinwegsetzen, und es kommt sogar noch etwas Gutes dabei heraus. Ein Computer, der sich über die Vernunft hinwegsetzt, ist einfach nur kaputt.

Trotzdem vertraut man Computern immer öfter Aufgaben an, die eigentlich Intuition und Kreativität erfordern. Wie Morita es vorausgesehen hatte, haben all die Daten, die ursprünglich menschliche Kreativität lediglich absichern sollten, am Ende die menschliche Kreativität verdrängt. Ein solches System, das immer weniger von Menschen und immer stärker von Daten gelenkt wird, ist systematisch unkreativ. In der Konsequenz führt das dazu, dass immer weniger wirklich Neues auf den Markt kommt und dass Unternehmen uns nur noch Varianten von dem anbieten, was wir sowieso schon kaufen.

Auf diese Weise begrenzen die Unternehmen zwar ihr Risiko, aber sie begrenzen auch ihre Chancen. Denn, was uns am Sony-Walkman und an der XouXou-Handyhülle gefällt, ist nicht nur die Möglichkeit, unterwegs Musik zu hören oder sich sein Telefon umzuhängen. Mindestens genauso begeistert uns, dass Morita und Jentzsch Dib uns mit ihren unerwarteten Erfindungen und Designs überrascht haben. Ein Algorithmus hingegen wird uns nie überraschen können. Denn alles, was er weiß, weiß er ja von uns.

WIRTSCHAFTLICHE KONZENTRATION IM NETZ

Bevor es Onlineshopping gab, hat man sich – besonders wenn man auf dem Dorf oder in einer Kleinstadt wohnte – oft über das begrenzte Angebot der lokalen Händler geärgert. 99 Prozent des globalen Angebots wurden einem vorenthalten. Irgendwer entschied irgendwo, welches eine Prozent in die Läden kam. Und was nicht dabei war, konnte man eben nicht kaufen. Es gab immer nur die gängigsten Produkte und die gängigsten Marken. Aber natürlich wünschte man sich, auch all die kleinen individuelleren Marken kaufen zu können, von denen man wusste, dass es sie gibt, irgendwo in einem kleinen Laden in einer kleinen Seitenstraße in der großen Stadt. Man träumte davon, all die besonderen Produkte, die man sich sonst nur von Reisen mitbrachte (oder mitbringen ließ), auch zu Hause kaufen zu können.

Und jetzt ist es so weit: Im World Wide Web können wir aus dem Vollen schöpfen. Alle Produkte der Welt sind nur noch ein paar Mausklicks entfernt. Alle Marken der Welt stehen bereit, um unsere Bestellung entgegenzunehmen und sie uns umgehend zuzusenden. Wir können sie alle haben.

Und da sitzen wir nun, zu Hause, allein vor unseren Devices und sind uns selbst überlassen. Es gibt keinen Verkäufer mehr, der uns euphorisch durch die frisch eingetroffene Ware führt. Wir sitzen vor unseren Bildschirmen wie vor einem weißen Blatt Papier und haben einen Blackout. All die kleinen Marken, die wir uns schon immer mal genauer ansehen wollten, sind wie ausgelöscht. Stattdessen fallen uns nur die immer gleichen Brands ein, egal wonach wir gerade suchen:

Smartphone? Apple! Fernseher? Samsung! Luxusuhr? Rolex! Outdoorjacke? Jack Wolfskin! Jeans? Levi's! Und so weiter.

Das ist normal. Man nennt das »Prototypensemantik«.[131] Wir speichern in unserem Kopf für jede Gattung den für uns typischsten Vertreter dieser Gattung an erster Stelle. Deshalb kommt uns zum Beispiel als Farbe immer als Erstes Rot und als Instrument immer als Erstes eine Geige in den Sinn, als Werkzeug ein Hammer, als Möbel ein Stuhl und so weiter.[132] Uns fallen selbst dann zuerst Rot und Geige ein, wenn unsere Lieblingsfarbe eigentlich Senfgelb und unser Lieblingsinstrument eigentlich die Triangel ist. Genauso ist es bei Brands: Obwohl unsere Lieblingsmarken vielleicht ganz andere sind, fallen uns – egal in welcher Kategorie – immer erst mal nur die gängigsten Marken ein. Wenn wir an Sneaker denken, denken wir zuerst an Nike und Adidas. Wir denken selbst dann zuerst an Nike und Adidas, wenn wir zum Beispiel Sneaker von Veja eigentlich viel besser finden. So haben die Marktführer auch in unseren Köpfen schon die Führung übernommen. Auch wenn sie in unserer Wertschätzung gar nicht ganz oben stehen, so sind sie bei uns trotzdem immer »top of mind«. In der Suchmaschine in unserem Kopf kommen die Marktführer immer an erster Stelle.

Und sie tun es natürlich erst recht in den Suchmaschinen im Netz. Denn das Netz ist käuflich. Und nur die Marktführer können es sich leisten. Egal ob man bei Google, bei Yahoo! oder bei Bing nach Sportschuhen sucht, die Antwort ist immer: Nike und Adidas. Selbst wenn man gezielt und ausdrücklich nach Sneakern von einer anderen Marke sucht, werden immer gleich ein paar Modelle von Adidas und Nike mitangeboten. Sneaker von Nike und Adidas empfiehlt mir der Onlineshop, in dem ich regelmäßig einkaufe. »Diese Produkte könnten dir auch gefallen«, schreibt er dazu, obwohl ich vollkommen sicher bin, durch nichts Anlass zu dieser Annahme gegeben zu haben. Nike und Adidas, wohin man sich im Netz wendet: Gesponserte Beiträge von Nike und Adidas in der Facebook-Timeline. Durch Product-Placement von Nike und Adidas finanzierte Musikvideos auf YouTube. Influencer, die die stets funkelnagelneuen Sneaker, die

Adidas und Nike ihnen kostenlos zuschicken, umgehend mit Hashtags wie *happygirl*, *surprise* oder *new in* auf Instagram posten …

Das Internet ist wie ein Laden, der zwar eigentlich alle Marken führt, aber immer nur dieselben ein, zwei Marken zeigt. Alle anderen werden nur widerwillig auf hartnäckiges Nachfragen hervorgeholt. Wenn man ganz gezielt und unbeirrt danach sucht, kann man in den unendlichen Weiten des Internets selbst die abwegigsten Dinge finden. Theoretisch wäre also im Netz ein extrem individueller und vielfältiger Konsum möglich. In der Praxis lenken uns die Suchmaschine in unserem Kopf und die Suchmaschinen im Netz aber immer auf die jeweiligen Marktführer – egal ob wir Sneaker, ein Fernsehgerät oder einen Reiseanbieter suchen.

Vor zwanzig Jahren, als das Wild Wild Web noch nicht verkauft war, sah es für kurze Zeit so aus, als ob sich auf Plattformen wie Amazon ein individuellerer und vielfältigerer Konsum entfalten würde als je zuvor.[133] Stattdessen ist aber das exakte Gegenteil eingetreten: Die Verlagerung unseres Konsums ins Netz hat zu einer immer stärkeren Gleichschaltung unseres Konsums geführt.[134]

Die ohnehin voranschreitende Monopolisierung beziehungsweise Oligopolisierung unserer Welt wird durch das Onlineshopping noch einmal radikal beschleunigt. Die ökonomischen Selektionsprozesse, die offline begonnen hatten, sind im Netz noch erbarmungsloser. Und am Ende konzentriert sich die gesamte Marktmacht auf wenige große Unternehmen. Wie an so vielen anderen Stellen sind auch hier die wirtschaftlichen Entwicklungen, die durch die Globalisierung entfesselt wurden, durch die Digitalisierung vollends außer Kontrolle geraten.

KONSUM IM NETZ, KONSUM FÜRS NETZ

Wenn ich in diesem zweiten Teil meines Buchs zu beschreiben versuche, wie sich unser Konsum durch die Digitalisierung verändert, dann ging es dabei bis hierher vor allem um das Alleroffensichtlichste, nämlich darum, dass wir bestimmte Produkte jetzt im Internet bestellen, die man vorher bei einem stationären Einzelhändler – also in einem Brick-and-Mortar-Store – gekauft hätte. Dieser Onlinekonsum im engeren Sinne ist aber nur die weithin sichtbare Spitze des Eisbergs. Unter der Oberfläche verändert die Digitalisierung unseren Konsum auf eine Weise, die noch kolossaler, aber viel schwerer zu erkennen ist. Das Internet ist für unseren Konsum viel mehr als nur ein zusätzlicher Kanal, über den wir Produkte kaufen können.

Das Netz hat sich von einer Suchmaschine zu einer Maschine entwickelt, die uns permanent Vorschläge macht, was wir noch kaufen könnten. Sobald wir unser Smartphone in die Hand nehmen oder den Laptop aufklappen, poppen diese Vorschläge überall auf – als Werbebanner, Newsletter, bezahlter Blogbeitrag, gesponserter Instagram-Post, verlinkter Pinterest-Pin, Vorspann auf YouTube, Product-Placement, Celebrity Endorsement und so weiter. Firmen, Onlineshops, Algorithmen – alle haben für uns bereits Vorschläge vorbereitet, was wir uns unbedingt als Nächstes kaufen sollten. Das World Wide Web ist die unerschöpfliche Inspirationsquelle, die unseren Konsum beflügelt.

Und darüber hinaus hat es uns die sozialen Medien beschert und uns damit die Möglichkeit eröffnet, der Welt zu zeigen, wie wir leben, was wir essen, was wir trinken, wohin wir reisen und was wir dabei tragen. Damit ist das Netz gleichzeitig die Bühne, auf der wir uns mit unserem Konsum präsentieren. Es ist die Arena, in der der Wettbewerb um den besten Konsum ausgetragen wird.

So hat sich unser Konsum in einem viel weitreichenderen Sinne ins Netz verlagert: Wir kaufen nicht mehr nur *im* Netz, wir kaufen auch schon *fürs* Netz.

EIN LEBEN IN BILDERN

Die 1995 und später Geborenen haben die Welt eher auf dem Bildschirm als im Original kennengelernt. Dadurch haben die Digital Natives einen anderen sinnlichen Zugang zur Welt als die Digital Immigrants: Es ist bekannt, dass blinde Menschen häufig einen sehr ausgeprägten Tastsinn entwickeln. Bei Digital Natives zeigt sich der gegenteilige Effekt: Sie können Bilder und visuelle Reize in einer Menge und Geschwindigkeit aufnehmen, die ihre Eltern heillos überfordern. Aber dafür ist – durch die virtuelle Wahrnehmung der Welt – ihr Tastsinn verkümmert. So beobachten zum Beispiel Professor*innen, dass Studierende – seit Eintritt der Generation Z in die Hochschulen – Materialproben, die man ihnen zur Verfügung stellt, nicht mehr anfassen, sondern nur noch angucken.

Weibliche Digital Natives malen sich seitlich dunkle Streifen auf die Wangen. Auf Fotos, die man von vorn macht, sieht dieses sogenannte Contouring richtig super aus. Wenn man von der Seite darauf blickt, wirkt es jedoch eher verstörend. Die Frauen und Mädchen, die sich so schminken, wissen das. Sie haben sich bewusst für die Fotos entschieden. Wenn sie überprüfen wollen, ob ihr Outfit und ihr Make-up gut sind, blicken sie nicht in den Spiegel. Sie machen ein Probe-Selfie. Die 1995 und später Geborenen sind die erste Generation, die sich nicht mehr für die persönliche Begegnung mit anderen Menschen schminken und kleiden, sondern für die Fotos, die sie selbst und andere von ihnen machen. Für Menschen, die sich und ihr Outfit an einem Tag vielleicht zwanzig Bekannten persönlich zeigen können, ihr tägliches Selfie – *#selfie (423 Millionen Beiträge)* – hingegen auf ihren öffentlichen Instagram- und Facebook-Accounts mit der ganzen Welt teilen, sind das die absolut richtigen Prioritäten.

Auch die Mahlzeiten, die wir zu uns nehmen, werden inzwischen vor allem fürs Foto angerichtet. Nicht das Auge isst mit, sondern die Handy-Kamera. Deshalb werden die einzelnen Zutaten eines Rezeptes jetzt immer hübsch separat auf dem Teller dekoriert. Gut erkennbar liegen die verschiedenen Sorten Superfood in ordentlichen Reihen oben auf meiner Frühstücks-Bowl. Dabei schmeckt es natürlich viel besser, wenn man alles miteinander vermischt. *Das* lässt sich dann aber nicht so gut fotografieren. »Influencers can't eat messy meals«, scherzte die Jeans-Marke Diesel in ihrer Sommerkampagne 2019. Natürlich schadet es nicht, wenn das Essen in einem Restaurant auch lecker ist. Wenn das Restaurant erfolgreich sein will, muss das Essen aber vor allem *instagrammable* sein. Das Foto der Dinge hat auch hier schon längst die Priorität vor dem tatsächlichen Erlebnis der Dinge.

Dieser veränderte Zugang zur Welt beeinflusst fast all unsere Konsumentscheidungen. Denn wir kaufen immer öfter Dinge, die wir noch nie im Original gesehen haben, sondern nur von Fotos im Netz kennen. Und wenn wir sie dann haben, teilen wir unsere Freude an diesen Dingen wiederum nicht, indem wir sie unseren Bekannten in echt zeigen, sondern indem wir Fotos davon posten. So werden die Bilder der Dinge nach und nach wichtiger als die Dinge selbst. Ob ein Objekt in uns Begehrlichkeit weckt und ob uns sein Besitz Freude bereitet, hängt immer weniger davon ab, wie wir es im Original erleben, und immer mehr davon, wie dieses Objekt auf Fotos aussieht. Die Haptik der Dinge wird unwichtig. Ihre Optik ist alles. Während zum Beispiel für ältere Menschen beim Kleidungskauf der Griff und die Struktur des Stoffes noch eine entscheidende Rolle spielen, geht es bei jüngeren Menschen vor allem um das Aussehen.

Man kann noch einen Schritt weitergehen und sagen, dass man sich früher gerne mit schönen Dingen umgeben hat, während es jetzt immer wichtiger wird, dass Produkte *fotogen* sind. Dass das nicht immer dasselbe ist, wissen wir vom Menschen. Fotogene Menschen sind nicht unbedingt immer schön, und schöne Menschen sind oft erstaunlich unfotogen. Ähnliches gilt für Produkte: Oft sind es subtile Farben, raffinierte Harmonien und liebevolle kleine Details, die ein Produkt schön machen. All das ist aber auf Fotos irrelevant. Um auf Fotos gut rüberzukommen, brauchen Produkte nämlich kräftige Farben, starke Kontraste und extreme Proportionen.

Wenn man sich dann noch klarmacht, dass ein Instagram-Foto in der Thumbnail-Ansicht auf einem Smartphonebildschirm nur ungefähr zwei mal zwei Zentimeter groß ist, versteht man, warum Unternehmen versuchen, sich gegenseitig mit immer lauteren und aufmerksamkeitsheischenderen Clickbait-Produkten zu übertrumpfen, warum beispielsweise in der Mode die Silhouetten immer signifikanter, die Logos immer größer und das Colour-Blocking immer plakativer werden.[135] Es ist kein Wunder, dass zum Beispiel die Sweatshirt-Drucke von Off White und die Swoosh-Windbreaker von Nike zunehmend Ähnlichkeit mit Verkehrszeichen und Flaggen haben, also mit Signalen, die auch aus großer Entfernung und bei schlechter Sicht noch deutlich erkennbar sein müssen. Mit solcher Kleidung, die sensationelle Instagram-Fotos entstehen lässt, sieht man auf der Straße zwar wie ein Clown aus – aber wer sieht einen schon auf der Straße?

STILLOSIGKEIT ALS STIL

Seit Menschen sich selbst und ihre Umgebung ästhetisch gestalten, waren sie dabei immer darum bemüht, ein einheitliches, geschlossenes Erscheinungsbild zu schaffen. Die einzelnen Teile des Ganzen sollten sich gegenseitig bestätigen und dadurch in ihrer Wirkung verstärken. Man strebte danach, allem, was einen umgibt, eine gemeinsame Formensprache, einen »Stil« zu geben. Stil – davon war man überzeugt – würde nie aus der Mode kommen.

Auch im letzten Jahrhundert war Stil immer noch das Höchste. So war zum Beispiel bei Jackie Kennedy stets alles aufeinander abgestimmt: die Handtasche, die Schuhe und Handschuhe, der Hut … Auch ihr Mann, John F. Kennedy, hätte niemals seine Business-Garderobe mit seiner Freizeit-Kleidung gemischt. Alles sollte zueinander passen: die Kleidung zur Einrichtung, die Einrichtung zum Design des Autos, das Design des Autos zur Architektur des Hauses, die Architektur des Hauses zum Gartenbau und so weiter. Wenn das gelungen war, hatte man es geschafft: Ein stilvolles Leben durch stilvollen Konsum. Ein nach außen stimmiges Bild als Ausdruck einer in sich stimmigen Persönlichkeit.

Selbstverständlich ist auch für uns heute unser Lifestyle Ausdruck unserer Persönlichkeit. Auch wir definieren uns über die Dinge, mit denen wir uns umgeben. Mit unseren Kaufentscheidungen zeigen wir unserer Umwelt, wer wir sind und wer wir sein wollen. Und wenn jemand unsere Kaufentscheidungen gutheißt, haben wir das warme Gefühl, verstanden zu werden. An all dem hat sich grundsätzlich nichts geändert.

Aber die Situation, in der man seinen Mitmenschen seinen Lifestyle präsentiert, ist jetzt eine andere: Wir inszenieren uns nicht mehr, indem wir Menschen zu uns nach Hause einladen. Wir inszenieren uns über die Fotos, die wir auf Social Media posten. Und in dieser digitalen Selbstinszenierung kann man nicht mehr von einem Post auf alle übrigen Posts schließen, so wie man früher von der Einrichtung des Esszimmers auf den Stil der gesamten Wohnung schließen konnte. Erst wenn man all unsere Social-Media-Posts zusammen betrachtet, formt sich ein Bild unserer Persönlichkeit. Facebook-Wall und Insta-Feed sind nämlich eher wie Pinnwände. Und die Art, wie wir uns selbst definieren und darstellen, hat sich nach und nach dem Medium, in dem wir uns darstellen, angepasst. Unser gesamter Lebensstil ist inzwischen eine Collage, die nur noch in der Summe ihrer Elemente ein Bild ergibt. In unseren Wohnungen kombinieren wir spielerisch Fundstücke aus verschiedenen, zum Teil sogar gegensätzlichen Stilrichtungen. Der verwitterte Buddha steht neben dem sleeken Flat-Screen, das rostige Industriemöbel auf dem plüschigen Orientteppich. Unser hybrider Konsum bedient sich mal beim Designer, mal beim Discounter. Unsere Körper selbst sind zu Pinnwänden geworden, an denen wir in Form von Tätowierungen, Kleidungsstücken, Schuhen, Taschen und Schmuck unzusammenhängende Botschaften aufeinanderschichten wie Wörter, die keinen Satz mehr ergeben.[136] Es ist bezeichnend, dass die eigentlich absurde Kombination aus Blazer, Jeans und Sneakern zu einem der beliebtesten Outfits des noch jungen Jahrhunderts geworden ist. In der Kombination aus Business-Jacke, Goldgräberhose und Sportschuh prallen so disparate Lebenswelten aufeinander wie Eleganz und Lässigkeit, Geschäft und Freizeit, geistige Arbeit und körperliche Anstrengung. Wir stellen uns noch nicht einmal mehr die Frage nach dem gemeinsamen Nenner all dieser Elemente.

Zum ersten Mal in der Geschichte der Menschheit ist man nicht um einen klaren Stil bemüht. Stattdessen hat sich der im 20. Jahrhundert so verpönte Eklektizismus zum dominanten kulturellen Prinzip des 21. Jahrhunderts entwickelt. Die Stillosigkeit selbst ist zu einem Stil geworden – einem Stil, der es uns erlaubt, viele unterschiedliche und sogar widersprüchliche Dinge gleichzeitig zu sein.[137] Während man früher seinem Stil meist ein Leben lang treu blieb und die Entscheidung für diesen einen Stil so schwerwiegend und irreversibel wie eine Heirat war, haben wir jetzt möglichst viele Stile gleichzeitig und fühlen uns keinem davon verpflichtet. Wenn sich unser Geschmack oder der Trend ändert, können wir jederzeit einfach die Stil-Mischung, das Rezept, ändern. Wir tauschen eine Zutat aus oder variieren die Dosierungen. Und weil das Rezept des Cocktails nie endgültig ist, weil die Collage an der Pinnwand nie vollendet ist, ist auch unsere Garderobe nie perfekt und unsere Wohnung nie fertig eingerichtet. Es gibt immer noch etwas auszutauschen, zu aktualisieren, auszubalancieren, hinzuzufügen, zu kaufen, zu konsumieren.

KONSUM ALS KUNST

Durch unsere Smartphones stehen wir im permanenten Austausch mit der Welt. Ständig checken wir E-Mails, WhatsApp, Instagram, Twitter, Spiegel Online … als Erstes beim Aufwachen, als Letztes vorm Einschlafen, auf der Toilette, nach dem Sex, beim Überqueren der Straße, sogar beim Autofahren.[138] Diese *Allgegenwart* von Information und Kommunikation geht einher mit einer enormen *Beschleunigung* der Information und Kommunikation. Dabei haben wir einerseits gelernt, Bilder und Informationen in einer nie da gewesenen Menge und Geschwindigkeit aufzunehmen. Andererseits hat sich jedoch unsere Aufmerksamkeitsspanne extrem verkürzt: Im Jahr 2000 konnten Menschen ihren Fokus noch durchschnittlich zwölf Sekunden lang halten. Diese Durchschnittszeit war aber 2015 bereits auf acht Sekunden zusammengeschrumpft. Damit haben wir Menschen inzwischen eine kürzere Aufmerksamkeitsspanne als Goldfische, die schaffen nämlich durchschnittlich immerhin neun Sekunden.[139]

Durch dieses kollektive ADHS, diese kollektive Aufmerksamkeits-Defizit-Hyperaktivitäts-Störung, ist eine Kultur der Fahrigkeit entstanden, die weder Zeit noch Lust hat, etwas von Grund auf Neues zu schaffen. Um ein vollkommen neues Produkt an den Start zu bringen, fehlt uns die nötige Konzentration. Denn, um etwas nie zuvor Dagewesenes zu *er*sinnen, müsste man sich erst mal *be*sinnen.

Nicht zu Unrecht stellte man sich echte Kreativität früher immer so vor, dass das Genie sich zunächst einmal in die Einsamkeit zurückzieht. In der Abgeschiedenheit seiner Einsiedelei geht der Schöpfer dann mit einem Gedanken schwanger, er brütet etwas aus und gebiert schließlich aus sich selbst heraus eine neue Idee. In die Stille, in die Leere hinein zaubert er sein Werk. Aus dem Nichts setzt er etwas Neues in die Welt.

Heute haben wir gar nicht mehr den Anspruch, aus dem Nichts etwas Neues zu schaffen. Wir können es nicht mehr, wir wollen es nicht mehr, und wir müssen es nicht mehr: »Das spätmoderne Subjekt fängt nicht ›bei null‹ an, sondern befindet sich in einem enormen, heterogenen, nicht zuletzt globalen und transhistorischen hyperkulturellen Netzwerk bereits bestehender, zirkulierender Praktiken und Objekte – alles ist in der Kultur schon da«, schreibt der Soziologe Andreas Reckwitz.[140] Warum sollte man also alles Vorhandene wegräumen und künstlich eine Tabula rasa schaffen? Warum aus der Tugend eine Not machen? Mit all dem, was schon da ist, fällt es doch viel leichter, aus Vorhandenem auf die Schnelle etwas Neues zusammenzustellen. Für den spätmodernen Macher ist das weniger anstrengend, und für sein ADHS-Publikum ist es weniger fordernd. Und so macht es am Ende allen Beteiligten mehr Spaß.

Dieses Zusammentragen und neu Kombinieren von bekannten und vertrauten Dingen – auch »Kuratieren« genannt – hat sich inzwischen als Kulturtechnik in allen Bereichen unseres Lebens durchgesetzt: Remixe und Samples in der Musik, Retro-Looks im Design, Referenzen in der Architektur, Anspielungen in der Kunst, Zitate in der Literatur …

Doch auch wenn uns allen diese spielerische Kulturtechnik inzwischen schon in Fleisch und Blut übergegangen ist, kommt es bei der Bewertung dieser Technik doch immer noch regelmäßig zu einem kulturellen Generationenkonflikt: Für die Älteren ist das alles keine Kunst. Für sie sind Leute, die so arbeiten, lediglich kulturelle Trittbrettfahrer, die auf dem kreativen Erbe früherer Generationen bequem durchs Leben surfen. Die Digital Natives hingegen wollen ihr gekonntes Remixen und Sampeln ganz selbstverständlich als kreative Leistung anerkannt sehen. Und diese Anerkennung wird ihnen auch immer öfter zuteil. Auch Reckwitz würdigt das Kuratieren als eine Kunst für sich: »Die Kunst des Kurators besteht in der klugen Auswahl und Aneignung, der kreativen Transformation und Einbettung. Er erfindet nichts von Grund auf Neues, er stellt klug zusammen.«[141]

Aber – »nichts von Grund auf Neues erfinden«, »auswählen«, »sich aneignen« und »klug zusammenstellen« – machen wir das nicht alle? Jeden Tag, wenn wir uns stylen? Wenn wir unsere Wohnung dekorieren? Wenn wir shoppen? Genau! »Die Praxis des Kuratierens lässt sich auf den spätmodernen Lebensstil insgesamt übertragen«, führt Reckwitz weiter aus. »Das spätmoderne Subjekt befindet sich seiner Welt und seinem Leben gegenüber in der Haltung eines Kurators – es lebt ein kuratiertes Leben.«[142]

Zu Ende gedacht heißt das: Indem wir das Kuratieren zunehmend als Kunst anerkennen und das kluge Auswählen und Zusammenstellen als kreative Leistung würdigen, verschwindet die Grenze zwischen »kreieren« und »konsumieren«, zwischen »schöpfen« und »shoppen«. In einer Radikalität und Konsequenz, wie es sich Warhol und Beuys in ihren wildesten Utopien nicht ausgemalt haben, wird Konsum zu einer Kunstform und dadurch jeder von uns zum potenziellen Künstler.

SHOP TO THE TOP

Dass es Stars und Sternchen gibt, die – vor allem anderen – gut aussehen, ist nichts Neues. Aber Influencer und Blogger wie Huda Kattan oder Caro Daur tun noch nicht einmal mehr so, als könnten sie singen, tanzen oder schauspielern. Sie unterhalten die Welt tatsächlich ausschließlich durch ihren Konsum, dadurch, dass sie tagtäglich zeigen, womit sie sich schminken, was sie tragen, was sie essen, was sie trinken. Reality-Shows, YouTube und Social Media haben Bühnen geschaffen, auf denen Menschen – scheinbar einzig und allein dadurch, dass sie ihren besonders gut durchkuratierten Lebensstil mit der Öffentlichkeit teilen – zu Superstars werden.

Der Lebensstil dieser Influencer ist für Millionen von Menschen wegweisend. Ihre – oft sehr jungen – Follower träumen davon, sich die gleichen Sachen zu kaufen. Und ihr Ziel ist es – eben dadurch, dass sie sich die gleichen Sachen kaufen –, auch die gleiche Karriere zu machen wie ihre Vorbilder.

Denn diese Karrieren sind wirklich beeindruckend und gehen weit darüber hinaus, auf Partys eingeladen zu werden, Produkte geschenkt zu bekommen oder gegen ein paar hundert Euro in einem YouTube-Beauty-Tutorial von einer neuen Augenbrauenbürste zu schwärmen. Zahlreichen Instagram-Mädchen ist es mithilfe ihrer enormen medialen Reichweite gelungen, die ganz großen Werbeverträge mit den ganz großen Marken an Land zu ziehen und darüber hinaus selbst zur Marke zu werden und eigene Produkte am Markt zu etablieren – Modekollektionen, Kosmetiklinien, Bademode, Parfum. Kylie Jenner zum Beispiel kassiert nicht nur eineinviertel Millionen Dollar für jedes Product-Placement in ihrem Instagram-Account.[143] Sie hat auch aus dem Stand ein Kosmetikimperium in die Welt gesetzt. Kylie Cosmetics machte allein in den ersten sechs Wochen 54,5 Millionen Dollar Umsatz und seine Namensgeberin mit einundzwanzig Jahren zur jüngsten Milliardärin der Welt.[144]

Kein Wunder also, dass zum Beispiel in den USA nicht weniger als 86 Prozent aller Leute zwischen 13 und 38 ebenfalls Influencer werden wollen.[145] All diese jungen Menschen tagträumen von einem märchenhaften gesellschaftlichen Aufstieg durch den richtigen Konsum. »Der Traum vieler ist es«, so die Soziolog*innen Bosch, Eck und Hipperli, »vom unscheinbaren Niemand zum Influencer zu werden und aus den eigenen Alltags- und Konsumkompetenzen ein Erfolgsmodell zu machen.«[146] Denn Konsumkompetenz – das hat man ihnen von klein auf klargemacht – ist das, worauf es in unserer Gesellschaft ankommt. Also shoppen und posten sie drauflos, um eines Tages selbst einmal so viele Follower zu haben, dass sie 10.000 Euro für einen Post verlangen können. Denn so – das haben sie begriffen – sieht heute Erfolg aus.

SHOPPING ALS ERMÄCHTIGUNG

In ihrer Studie über die Jahrtausendwendekinder schreiben Bosch, Eck und Hipperli: »Sie sind aufgewachsen in einer Welt, in der alles verfügbar, alles erreichbar scheint. Die Werkzeuge der Selbstermächtigung gegenüber der Welt sind mehr und besser geworden. Die Jahrtausendwendekinder lernen neue Formen der Effektivität von Handlungen kennen, sie können mit geringstem Aufwand, einem Fingerwisch, relevante Vorgänge veranlassen und Entscheidungen treffen.«[147]

Tatsächlich sind die Digital Natives regelrecht in eine Schaltzentrale, von der aus sie alles steuern können, hineingeboren. Alles, was ihnen wichtig ist, ist nur ein leichtes Tippen auf den Touchscreen entfernt – ihre Freunde, ihre Idole, ihre Musik, Multiplayer-Spiele, das Essen vom Lieferservice, Netflix-Serien, die Antwort auf die Fragen, die sie sich nicht zu stellen trauen, YouTube-Tutorials, Pornografie und erste Liebe.

… und zusätzlich noch all die Dinge, hinter denen sie ihre Unsicherheit verbergen können; Produkte, die ihrer noch wackeligen Identität Halt geben: Slogan-T-Shirts, Handyhüllen, Kopfhörer, Sonnenbrillen, Basecaps, Sneaker. Sämtliche Marken, Modelle, Varianten und Farben sind im Netz verfügbar. Sie können sie alle haben. Und selbst die Dinge, die man sich in dem Alter vielleicht noch nicht leisten kann, werden ihnen angeboten. Die gesamte Welt der Waren liegt ihnen zu Füßen – Produkte bieten sich ihnen an, Marken werben um ihre Gunst, Apps unterwerfen sich ihrem Urteil, Händler wollen von ihnen bewertet werden. All diesen Angeboten ihre Gunst zu gewähren oder zu verweigern, verleiht den Digital Natives an sich schon ein Gefühl der Macht und der Wichtigkeit.

Da ist der Eintritt ins »wahre Leben« natürlich eine harte Landung. »Man muss Schritt für Schritt lernen, mit der handfesten Realität und ihren Widerständen klarzukommen«, so Bosch, Eck und Hipperli. Und man fragt sich zunehmend, ob und warum man sich das überhaupt noch antun soll: »Ein Teil dieser Generation entzieht sich dem klassischen Verständnis von Persönlichkeitsentwicklung, die am Leben und an Widerständen erst wachsen muss.«[148]

So geht es inzwischen nicht nur den Jahrtausendwendekindern. »Die Akzeptanz für die kleinschrittigen Mühen des Alltags und die Widersprüche des Lebens schwindet«, diagnostiziert der Psychologe Stephan Grünewald. »Wir kippen ständig zwischen digitaler Allmacht und analoger Ohnmacht.«[149] Wir alle erleben unser Offlineleben zunehmend als vergleichsweise enttäuschend. Wenn man von seinen Ausflügen in die virtuelle Welt in die echte Welt zurückkehrt, fühlt man sich irgendwie ernüchtert, zurückgestuft und unterbewertet. So, als wäre man in seinen Möglichkeiten plötzlich eingeschränkt und könnte sein wahres Potenzial nicht mehr voll ausschöpfen. Vom Entscheider zum eigenen Handlanger degradiert. Muss man denn hier alles selbst machen? Der analoge Weg von der Entscheidung zu ihrer Umsetzung erscheint einem unverhältnismäßig lang und mühselig.

So läuft man Gefahr, in eine ähnliche Spirale zu geraten wie der Workaholic: Beim Workaholic leidet das Privatleben darunter, dass er zu viel arbeitet. Und je mehr sein Privatleben den Bach runtergeht, desto mehr flüchtet er sich in seine Arbeit. Und je mehr er sich seiner Arbeit zuwendet, desto besser läuft seine Arbeit. Und je mehr Erfolgserlebnisse sie ihm bietet, desto mehr arbeitet er. Und je mehr er arbeitet, desto mehr bleibt sein Privatleben auf der Strecke …

Unser Privatleben – also unser Privatleben *IRL* (in real life) – leidet zunehmend unter unserer wachsenden täglichen Bildschirmzeit. Denn wir verbringen inzwischen durchschnittlich mehr als die Hälfte unserer sechzehn Wachstunden mit unserem Smartphone, im Internet und vor dem Fernseher. Das heißt, dass man von zehn

Lebensjahren nur vier im echten Leben verbringt.[150] Und je mehr unser echtes Leben den Bach runtergeht, desto mehr wird das Netz zu einem Zufluchtsort, an dem man sich all die Bestätigung und die Erfolgserlebnisse holt, die einem in der analogen Welt verwehrt bleiben – man verbessert seinen Score bei Minecraft, vermehrt seine Follower auf Instagram, bekommt noch mehr Likes auf Facebook und noch mehr Zustimmung auf Twitter. Im Netz ist alles mühelos. Das Netz ist eine Gegenwelt, in der es keinen Kampf mit den banalen Notwendigkeiten des Alltags gibt und kein Scheitern an den Widrigkeiten des Lebens – bei uns selbst nicht und bei allen anderen scheinbar auch nicht. Die Onlinewelt ist die Bühne, auf der man glänzen und sich entfalten kann. Die Offlinewelt hingegen ist irgendwann nur noch der Backstage-Bereich, in dem man sich ausruht, umzieht, schminkt und vorbereitet.

Und je bedeutungsloser die Offlineexistenz wird, desto mehr Zeit verbringt man an dem Ort, an dem einem die Welt wirklich zu Füßen liegt und den man deshalb gerne als seinen rechtmäßigen Platz auf Erden empfinden will: dem Onlinestore. »[Denn dort] ist der Kunde bereits König«, erklärt Grünewald. »Sein zentrales Macht- und Herrschaftsinstrument ist das Smartphone. Es dient als magisches Zepter.«[151] Also geht man auf amazon.de und zalando.de und schwingt dort sein Zepter: Man lässt Lampen liefern, schickt Hosen zurück, legt eine größere Auswahl Schuhe in den Warenkorb, vergleicht Kosmetikpreise, informiert sich über Fitness-Uhren … So verbringt die knappe Hälfte der amerikanischen Millennials bereits mehr als eine Stunde pro Tag in Webshops. Denn das Browsen und Shoppen ist nach eigener Aussage für 70 Prozent der Frauen und die Hälfte der Männer eine Form von »Entertainment«.[152]

ANALOGES ANGEBEN VS. DIGITALES ANGEBEN

Die Älteren werden sich noch schmerzlich erinnern: Früher war es sehr, sehr mühsam, mit neuen Sachen anzugeben. Hatte man sich etwas Neues gekauft, war man dazu verdammt, es stillschweigend in Betrieb zu nehmen. Und von da an blieb einem nichts, als darauf zu hoffen, dass die Handvoll Bekannte, der man im Laufe des Tages begegnete, den Neuzugang von sich aus bemerken und anerkennend kommentieren würde. Nach Komplimenten zu fischen, indem man die Aufmerksamkeit seiner Mitmenschen auf die beneidenswerte Anschaffung lenkt, galt selbst in Kreisen mit weniger raffinierten Umgangsformen als vollkommen unmöglich. Ganz zu schweigen davon, vor die Öffentlichkeit zu treten und zu rufen: »Hey, Leute, alle mal hergeschaut! Sind meine neuen Sneaker nicht extrem geil?«

Im Netz ist das ein völlig normales Verhalten. Man postet öffentlich ein Foto oder – noch besser – ein *Unboxing Video* seiner neuen Schuhe – *love my new sneakers!!! <3 #shoes* (107 Millionen Beiträge) *#sneakers* (38 Millionen Beiträge) *#sneakerhead* (20 Millionen Beiträge) – und fordert von seinem gesamten sozialen Umfeld Likes und anerkennende Kommentare ein. Das ist *Fishing for Compliments* mit der Dynamitstange. Social Media gibt uns die Möglichkeit, Bestätigung für unseren Lebensstil sofort und in großen Mengen einzustreichen. Wir müssen heutzutage nicht mehr stillsitzen und geduldig warten, bis die wohltuende soziale Anerkennung für unseren Konsum von sich aus zu uns kommt. Wann immer unsere Seele diese Bestätigung braucht, können wir hingehen und sie uns abholen.

Dank Social Media kann man nicht nur sehr viel effizienter mit den Dingen angeben, mit denen man schon immer angegeben hat – wie zum Beispiel Autos und Uhren und Handtaschen. Man kann jetzt auch mit Dingen angeben, die in der Welt der Statussymbole bislang eher ein Schattendasein fristen mussten. Denn in den sozialen Netzwerken kann man eben auch die Dinge, die früher gar niemand zu sehen bekam, einem breiten Publikum vorstellen. Wer hätte zum Beispiel vor zwanzig Jahren gedacht, dass ausgerechnet das morgendliche Frühstück mal ein fester Bestandteil des täglichen Imponiergehabes werden würde? Noch bevor man morgens mit den üblichen Statussymbolen behängt aus dem Haus geht, kann man die Weltöffentlichkeit wissen lassen, auf welcher Terrasse/in welchem schicken Retreat/mit welcher sensationellen Aussicht man welche aufwendige Eierspeise/welchen urigen Avocado-Toast/welche liebevoll angerichtete Superfood-Bowl gegessen und welchen schaumgekrönten Kaffee/blumengeschmückten Smoothie/veganen Matcha-Latte man dazu getrunken hat. Man kann es nicht nur, man tut es auch. Seit es diese idealen Plattformen dafür gibt, sucht und findet wirklich jeder Konsum, den wir zwischen Aufstehen und Schlafengehen tätigen, die Anerkennung unserer Umwelt. Egal ob es nur ein Stück Kuchen im Café an der Ecke oder eine Reise ans andere Ende der Welt ist – auf Facebook, Instagram und so weiter zeigt man es allen und heimst dafür schneller und zahlreicher Komplimente und Respekt ein als je zuvor.

DOPPELTES DOPAMIN

Inzwischen ist fast die Hälfte der Weltbevölkerung auf Social Media.[153] Die unwiderstehliche Anziehungskraft dieser Netzwerke ist nicht zu leugnen. Die sozialen Medien – und besonders Instagram – machen süchtig, darüber sind sich fast alle einig. Sogar die Betroffenen: 59 Prozent aller Erwachsenen sagen von sich selbst, sie seien von Social-Media-Plattformen abhängig.[154]

Niemand, der selbst in den sozialen Netzwerken unterwegs ist, wird bestreiten, dass er – zumindest phasenweise – viel mehr Zeit und viel häufiger Zeit auf diesen Plattformen verbringt, als er eigentlich will. Und niemand, der selbst manchmal auf Social Media postet, hätte sich nicht schon dabei ertappt, dass er – zumindest phasenweise – in den absurdesten Momenten mal kurz Facebook oder Twitter oder Instagram checkt. Eine Befragung ergab, dass 40 Prozent aller unter fünfunddreißigjährigen Amerikaner selbst beim Autofahren auf Social Media gehen, 64 Prozent bei der Arbeit, 65 Prozent während eines Dates und 36 Prozent direkt nach dem Sex.[155]

Die Autorin Anitra Eggler erklärt, warum wir bei Social Media derart an der Nadel hängen: »Weil Social Media Menschen mit dem anfixt, was der Mensch am liebsten hat: Aufmerksamkeit. So schlicht, so potent. Diese Ego-Droge funktioniert alters-, klassen- und intelligenzübergreifend. Sie fixt jeden an: Junge, Alte, Schlaue, Dumme, Sie, mich.«[156] Auch hinter dieser Verhaltenssucht steckt also das gute alte Dopamin. Genau wie unsere Lustkäufe flutet auch die Bestätigung, die wir in den sozialen Netzwerken bekommen, unser Gehirn mit dem betörenden »Glückshormon«.[157]

Die Globalisierung hat uns niedrige Preise beschert. Und damit ermöglicht sie uns den süßen Luxus regelmäßiger Lustkäufe. Die Digitalisierung hat zusätzlich Plattformen geschaffen, auf denen sich unser Ego seine tägliche Dosis Selbstbestätigung abholen kann. Nach beidem sind wir süchtig geworden. Und wenn wir unsere Lustkäufe – also all das, was wir uns gönnen – auf Social Media teilen, dann verbinden sich diese beiden Süchte miteinander. Dann haben wir beides gleichzeitig: Die Dopamin-Ausschüttung durch Belohnungskonsum und zusätzlich noch die Dopamin-Ausschüttung durch Aufmerksamkeit und soziale Anerkennung. Und diese doppelte Dosis Dopamin wollen wir uns natürlich erst recht immer wieder geben. Konsum und Social Media, Shoppen und Posten – zwei Verhaltenssüchte, die sich gegenseitig verstärken und befeuern. Einzeln sind sie verführerisch, gemeinsam sind sie unwiderstehlich. Konsum bekommt Anerkennung in den sozialen Netzwerken, die zu mehr Konsum motiviert, der noch mehr Anerkennung bekommt, die zu noch mehr Konsum animiert.

Die Globalisierung hat unseren Konsum erhitzt, die Digitalisierung bringt ihn zum Kochen.

LEBENSSTIL ALS STILLEBEN

#earlybird: Wie ein Bühnenscheinwerfer strahlt die noch flach stehende Sonne durch das Flugzeugfenster auf den Tomatensaft und das Harari-Buch auf dem Klapptisch an der relativ weit entfernten Rückenlehne des Vordermannes.

#myfavouriteplace: Der kleine Tisch im Grill Royal bricht fast zusammen unter zwei Portionen sehr dunklem Fleisch, Süßkartoffel-Pommes-frites, Sauce Béarnaise und Salat in separaten Gefäßen, zahllosen glitzernden Gläsern und dickwandigen Flaschen, schwerem Leinen und massivem Besteck.

#waiting: In der holzgetäfelten Lufthansa-Lounge sieht man – aus der Perspektive ihres Besitzers – ein Paar Beine und Füße in minimalistischen Valentino-Sneakern, die lässig ausgestreckt auf einem Rimowa-Retro-Aluminiumtrolley liegen, im Schoß liegt die brand eins.

#nightshift: Trotz der vielen Arbeit stehen neben der Apple-Tastatur auf der eleganten Massivholzschreibtischplatte im stimmungsvollen Licht einer Art-déco-Lampe eine Duftkerze, frische Blumen und ein dampfender Tee im Asia-Teeservice.

»Technisch gesehen sind das Stilleben. Vom Geist sind sie aber vielmehr die neuen Selbstportraits«, analysiert die New York Times. »Diese kleinen Kompositionen aus persönlichen Gegenständen, die so unverkennbar ›Instagram‹ sind, sind nichts anderes als Selfies ohne Gesicht.«[158]

Noch mehr als im echten Leben ist man auf Social Media das, was man konsumiert. Oder vielmehr ist man das, was man sich gönnt, das, womit man sich selbst verwöhnt. Denn selbstverständlich machen im Netz nur *die* Anschaffungen etwas her, die über die schnöde Bedarfsdeckung hinausgehen. Von all unseren Einkäufen können wir auf Social Media nur die luxuriösen zeigen. Instagrammable ist immer nur das i-Tüpfelchen unseres täglichen Konsums, das Sahnehäubchen auf unserem Leben. Deshalb macht uns die Duftkerze, mit der wir uns selbst verwöhnen, doppelt Freude: Sie macht uns Freude, wenn wir sie benutzen, und sie macht uns Freude, wenn wir uns mit den Augen der anderen dabei zusehen, wie wir sie benutzen. Und aus derselben Logik heraus erscheint uns natürlich der Staubsaugerbeutel, den wir nun mal leider brauchen, doppelt freudlos. So wird unser Konsumverhalten durch die Dynamik der sozialen Netzwerke noch irrationaler und perverser. Die eigentlich überflüssigen luxuriösen Produkte werden immer wichtiger. Und die tatsächlich unentbehrlichen und nützlichen Produkte verlieren für uns immer mehr an Bedeutung.

Die Menschen wählen die persönlichen Gegenstände, mit denen sie sich umgeben, inzwischen von vornherein danach aus, ob sie sich für die digitale Selbstdarstellung eignen. Im Hinblick auf die Instagram-Stilleben/Selbstportraits kauft man jetzt Dinge, die man früher nie gekauft hätte. Und man verzichtet auf Dinge, die einem früher wichtig waren, weil sie nicht instagrammable sind. Unsere Prioritäten verschieben sich: An allem, was man nicht posten kann, versucht man zu sparen. Ehemals erfolgreiche Luxus-Dessous-Anbieter wie La Perla zum Beispiel haben mit heftigen Umsatzeinbrüchen zu kämpfen.[159] Die Menschen geben ihr Geld eben lieber für die Dinge aus, die sich mit der gebotenen Beiläufigkeit in ihren Instagram-Stilleben platzieren lassen. So boomt zum Beispiel das Geschäft mit Luxusreisegepäck wie Rimowa-Koffern.[160]

Auf diese Weise sorgt die Digitalisierung für eine ganz andere Nachfrage und damit auch für ein ganz anderes Angebot. Denn in der medialen Vernetzung, in der wir uns bewegen und die wir bereits verinnerlicht haben, leben wir ein Doppelleben: Wir tun etwas und sehen uns gleichzeitig dabei zu. Wir blicken von innen und von außen auf die Situation.[161] Während wir etwas erleben, sehen wir vor unserem geistigen Auge – beziehungsweise vor unserer geistigen Handykamera – bereits, wie das auf Instagram und Facebook rüberkommen würde. Wir denken die Shareability immer gleich mit. Wir wissen inzwischen sehr genau, wie und womit man im Netz die größte Anerkennung bekommt. Wir haben gelernt, welcher Konsum die meisten Likes generiert. Deshalb postet man auf Facebook jeden einzelnen verdammten Flug, den man macht. Deshalb fotografiert man jede Superfood-Bowl, die man zu sich nimmt. Und deshalb feiert man seine neuen Sneaker auf Instagram. Mehr noch: Man bucht überhaupt nur deshalb den Flug und nicht den Zug, weil eine Flugreise auf Facebook besser rüberkommt als die Bahnreise. Man bestellt die Superfood-Bowl vor allem, weil sie sich besser fotografieren lässt als das Bircher Müsli. Und man kauft sich die neuen Sneaker im Grunde nur deshalb, weil man die alten schon auf so vielen Instagram-Fotos anhatte.

MAY YOUR LIFE BE AS AWESOME AS YOU PRETEND IT IS ON FACEBOOK

Eigentlich sollte jedem klar sein, dass das, was wir auf Social Media sehen, nicht die Realität ist. Niemand isst ausschließlich köstliches und hübsch angerichtetes Essen. Jeder von uns muss irgendwann auch einmal arbeiten und Geld verdienen, egal wie oft er ein Bild von sich am Strand postet – mit der Unterschrift *Livin' on island time.* Niemand ist so sorgenfrei, dass er schon nicht mehr lächelt, sondern sich permanent nur noch ausschüttet vor Lachen. Niemand führt ein Leben, das so perfekt ist, wie sein Instagram-Konto es uns weismachen will.

Der Filter, mit dem man das Foto bearbeitet, bevor man auf »posten« tippt, ist nur der letzte von ganz vielen, die die Realität auf dem Weg dahin durchläuft: Aus seinem gesamten Leben filtert man nur den glanzvollsten Moment heraus, den schönsten Bildausschnitt, den fotogensten Blickwinkel. Und wenn es bei einem gerade mal nicht so läuft, dann postet man eben mal nichts oder die Erinnerungen an vergangene Urlaube. Das fällt gar nicht auf.

An einem eher ruhigen Abend im Berliner Club Bricks nimmt eine Gruppe Zwanzigjähriger ein Video von sich selbst auf. Sie tanzen, lachen hysterisch, schwenken ihre Drinks und singen laut den Refrain mit. Danach setzen sich alle wieder auf ihren Platz.

In der Gucci-Boutique probiert eine Frau ein spektakuläres Outfit an und macht ein Selfie. Dabei wählt sie Hintergrund und Bildausschnitt so, dass man nicht sieht, dass sie gerade in einem Laden ist.

Ein junges Paar fotografiert sich beim Teetrinken im Hotel de Rome.

Eins ist sicher: Diese Bilder und Videos sind nicht für den Eigenbedarf. Sie werden nicht gemacht, um sie aufzubewahren und sich später an den Moment zu erinnern. Diese Bilder kommen sofort in den großen Verteiler: Sie werden in die WhatsApp-Gruppe geschickt, auf Instagram verbreitet, auf Facebook gepostet, in der Snapchat-Story geteilt.

Bei Worten gibt es eine klare Grenze zwischen Wahrheit und Lüge. Wenn man etwas sagt oder schreibt, ist das entweder richtig oder falsch. Bei Bildern ist das nicht so eindeutig. Es gibt eine ausgedehnte Grauzone von Bildern, die missverständlich oder irreführend sind. Bei unserer Selbstdarstellung im Netz bewegen wir uns ständig in dieser Grauzone der Halbwahrheiten. Man würde wohl kaum all seine Bekannten anlügen, indem man ihnen schreibt, dass sie gestern im Bricks die Party des Jahrhunderts verpasst haben und dass man den ganzen Abend durchgetanzt hat. Man hat aber keine Hemmungen, ein Video zu posten, das sie exakt das glauben lässt. Mit Bildern schwindelt es sich eben viel leichter als mit Worten. Man behauptet gar nicht, das Gucci-Outfit zu besitzen. Man sagt ja nicht, dass man im Hotel de Rome wohnt. Man postet lediglich Fotos, auf denen es so aussieht als ob.

Seit man seinen Mitmenschen nicht mehr durch Worte, sondern durch Fotos und Filme von seinem Leben erzählt, ist eine Kultur des Hochstapelns und Aufschneidens entstanden. So stellte sich zum Beispiel bei einer Umfrage in Großbritannien heraus, dass jeder Zehnte Kleidung kauft, nur um sich für Social Media darin zu fotografieren und sie dann – sobald das Foto (*#ootd, #outfitoftheday*) online ist – wieder an den Händler zurückzuschicken.[162] Kaum jemand kann der Versuchung widerstehen, durch geschönte Bilder sein Leben zu schönen. Zu behaupten, dass man sich mit diesen Bildern gegenseitig belügt, wäre vielleicht zu viel gesagt. Aber man macht sich in den sozialen Netzwerken definitiv gegenseitig etwas vor.

Und obwohl wir es selbst so machen, lassen wir uns permanent von den Posts der anderen blenden. Die anderen, so scheint es uns, sind ständig im Urlaub, gehen jeden Abend aus, ernähren sich ausschließlich von Superfood, haben immer die neuesten Sachen und springen ständig lachend mit ausgebreiteten Armen in die Luft. Wenn man viel Zeit auf Social Media verbringt – das bestätigt eine Studie der Universität Utah –, gelangt man unausweichlich zu der Überzeugung, dass die anderen glücklicher sind und ein besseres Leben haben als man selbst.[163]

Es sei denn, es gelingt einem, mit den eigenen idealisierten Social-Media-Posts nicht nur den anderen etwas vorzumachen, sondern auch sich selbst: »Es ist reizvoll, ein Selbstbild zu entwerfen, frei von alltäglichen Zwängen und Festgelegtheiten«, beobachten die Soziolog*innen Bosch, Eck und Hipperli. »Die Möglichkeit, sichtbar zu sein, verstärkt und erweitert die positiven Momente im Erleben. Das erschaffene positive Selbstbild wirkt zurück auf das Befinden, solange das kreierte Selbstbild von anderen anerkannt und für gut befunden wird.«[164] Oder anders ausgedrückt: Wenn wir andere davon überzeugen können, dass unser Leben fantastisch ist, dann glauben wir irgendwann selbst, dass unser Leben fantastisch ist. Im Idealfall gelingt es uns am Ende sogar, uns einzureden, dass das alles hier, diese Realität, gar nicht gilt und dass unser wahres, unser eigentliches Leben auf Instagram ist.

STATUS-MELDUNGEN

Viele Menschen behaupten von sich selbst, dass sie sich beim Einkaufen angeblich keine Gedanken darüber machen, was ihre Umwelt von ihnen denkt. Im Gegensatz zu den meisten anderen Leuten würden *sie* sich schöne Dinge nicht kaufen, um andere zu beeindrucken, sondern nur und ausschließlich, um sich selbst eine Freude zu machen. Sie stützen diese Behauptung zum Beispiel mit dem Hinweis darauf, dass sie ja schließlich eine diskrete Bottega-Veneta-Handtasche ohne sichtbares Markenzeichen tragen und niemals mit einer marktschreierischen Louis-Vuitton-Tasche voller LV-Monogramme herumrennen würden.

Dieser angeblich rein private Konsum ist längst als Mythos enttarnt. Eine Studie hat ergeben, dass Modemarken, die auf weithin sichtbare Logos verzichten (wie zum Beispiel Bottega Veneta und Stella McCartney), größte Mühe haben, neue Handtaschenformen einzuführen. Dafür gibt es nur eine Erklärung: Die Kund*innen, die solche vermeintlichen Understatement-Taschen kaufen, legen Wert darauf, dass ihre Umwelt von der wiedererkennbaren Form ihrer Tasche auf die Marke ihrer Tasche und damit auf den Preis ihrer Tasche schließen kann.[165] Das heißt: Es gibt gar keinen grundsätzlichen Unterschied zwischen den Bottega-Veneta-Kund*innen und den Louis-Vuitton-Kund*innen – was für die einen das wiedererkennbare Logo ist, ist für die anderen die wiedererkennbare Form, das ist alles.[166]

Handtaschen sind nie nur Gepäckstücke, Armbanduhren sind keineswegs nur Zeitmesser und Autos sind nicht nur Fortbewegungsmittel, sondern immer auch Statussymbole. Ausnahmslos alle benutzen sie, um zu zeigen, dass sie es im Leben zu was gebracht haben – nur manche eben etwas plumper und andere etwas subtiler.

Der Glaube, dass man selbst von derartigem Statusdenken frei sei und sich Dinge einfach nur für sich selbst kaufe, ist in den allermeisten Fällen eine Illusion. Eine Illusion, der man sich nur allzu gerne hingibt, um vor sich selbst nicht als unsouverän dazustehen. Entsprechend überrascht waren wir darüber, wie gering unser Interesse am Konsum bestimmter Dinge war, als es in der häuslichen Isolation der Coronakrise für unseren Konsum plötzlich kein Publikum mehr gab.[167] So viele Dinge, die wir unter normalen Umständen immer haben wollen, hatten damit für uns schlagartig ihren Reiz verloren.

Es liegt in unserer Natur, mit unserem Konsum Anerkennung zu suchen. Wenn es nach dem Soziologen Pierre Bourdieu geht, bleibt uns gar nichts anderes übrig, als es zu tun: In dem Kampf um gesellschaftliche Positionen, dem wir tagtäglich ausgeliefert sind, sind wir gezwungen, nicht nur unser ökonomisches, sondern auch unser soziales, symbolisches und kulturelles Kapital zum Einsatz zu bringen.[168] Wir können es uns also gar nicht erlauben, unseren Konsum für uns zu behalten und auf den damit verbundenen Distinktionsgewinn zu verzichten.

Damals, in der analogen Welt, in der Bourdieu das schrieb, war privater Konsum schon nicht wirklich privat. Heute, in der digitalen Welt, ist er es aber erst recht nicht mehr. Denn auf Social Media geht es im Grunde um nichts anderes, als darum, sein soziales, symbolisches und kulturelles Kapital auszuspielen, um sich gesellschaftlich nach vorn zu bringen. Und dank der Smartphone-App mit dem Sofortbildkamera-Icon haben wir jetzt alle, egal wo wir sind, rund um die Uhr die Möglichkeit, unseren Lifestyle sofort – also *insta*-ntly – öffentlich zu machen.

Und die Konkurrenz schläft nicht. Wenn wir morgens aufwachen, hat über Nacht schon wieder jemand Fotos von seinem tollen Abend mit kunstvoll angerichtetem Essen gepostet. Jemand anderes lässt uns wissen, dass er schon bei Sonnenaufgang ein Flugzeug bestiegen hat. Und Freunde schicken Fotos von Cocktails am Infinity-Pool in Indonesien. Privater Luxus wird permanent öffentlich vorgelebt. Um da mithalten zu können, darf auch unser Konsum nie ruhen. Der *Feed* will regelmäßig gefüttert werden. Denn in den sozialen Medien wird nicht nur von Prominenten, sondern von jedem von uns erwartet, dass er eine persönliche Marke pflegt und kuratiert. Das bedeutet für uns, dass nicht nur unser Instagram-Account, sondern auch der Konsum, den wir dort zeigen, permanent aktualisiert und ausbalanciert werden muss, um für unsere Umwelt spannend und attraktiv zu bleiben. Denn nur wenn unser Lebensstil attraktiv ist, bleiben auch wir für andere attraktiv.

Wer auf Instagram und Facebook nicht nur dabei sein, sondern dazugehören will, der *muss* dort seinen privaten Lebensstil öffentlich machen. Wer nicht den Anschluss an die Digitalisierung verpassen, ins gesellschaftliche Abseits geraten und in der erbarmungslosen Ökonomie der Aufmerksamkeit untergehen will – so wird uns von allen Seiten suggeriert –, muss heutzutage bereit sein, die Mauer zwischen privat und öffentlich einzureißen. »Das Private ist kein Rückzugsort mehr«, schreibt die Dozentin für Körperkultur Diana Weis, »es ist ein Safe Space mit Wänden aus Glas.«[169] Dessen sind wir uns sehr bewusst. Wir haben es verinnerlicht, und wir haben uns darauf eingelassen. Und inzwischen genießen wir es sogar. Sehr sogar. Wir genießen die Aufmerksamkeit, die uns und unserem gesamten Tagesablauf im Netz zuteilwird. »Wir stilisieren uns selbst zu Stars in unserem eigenen Film, den die ganze Welt betrachten kann. Wir üben jeden Handgriff so aus, als würden uns Tausende gebannt dabei beobachten.«[170]

So haben die sozialen Medien einen kollektiven Exhibitionismus geschaffen. Und wo kollektiver Exhibitionismus ist, entfaltet sich natürlich auch ein kollektiver Voyeurismus. Denn die Freude an der Indiskretion ist selbstverständlich wechselseitig: Die anderen können auf Social Media – fast wie mit einer Webcam – unser Leben verfolgen. Und genauso verfolgen wir – fast wie mit einer Webcam – begierig das Leben der anderen.

Instagram ist das Fenster, durch das wir beobachten können, wie sie leben, wie sie wohnen, was sie essen, was sie tragen, wohin sie reisen …

VIRALER NEID

Und mit dem Blick in die Fenster der anderen kommt er: der Neid. Je glanzvoller sich der (sorgfältig kuratierte, inszenierte, ge-Photoshop-te und ge-Facetune-te) Lifestyle der anderen im Netz präsentiert, desto trister erscheint uns unser eigenes Leben. Es geht uns wie einem Angestellten, der mit seinem Gehalt immer zufrieden war, bis er durch einen dummen Zufall herausfindet, dass alle anderen im Unternehmen mehr verdienen als er und er der am schlechtesten bezahlte Mitarbeiter in der Firma ist.

Seit wir in Echtzeit verfolgen können, wie schön das Leben der anderen ist, werden wir immer unzufriedener mit unserem eigenen. Denn das Vergleichen ist bekanntlich das Ende des Glücks und der Anfang der Unzufriedenheit. Und weil wir auf den Social-Media-Plattformen unser Leben permanent mit dem Leben anderer vergleichen können, werden wir natürlich immer unglücklicher.

Es liegt in der Natur der Sache, dass in den sozialen Netzwerken Neid entsteht und sich viral verbreitet. Denn es wurden Portale geschaffen, in denen wir uns in Bezug auf Erfolg und Glück und Schönheit und Lifestyle miteinander messen können. Facebook und Instagram sind wie ein zehnjähriges Klassentreffen, bei dem man – während man über der Oberfläche alte Freundschaften pflegt – unter der Oberfläche guckt, wer denn so die Gewinner sind im Spiel des Lebens und wer die Verlierer. Und wir haben zu diesem Dauer-Klassentreffen zugesagt. Wir haben die Herausforderung angenommen. Und selbstverständlich will man aus diesem Wettbewerb nicht als Verlierer hervorgehen. Natürlich versucht man sich in diesem Spiel gegenseitig zu übertrumpfen. All dieser alltägliche Luxus, den man sich permanent gegenseitig vorlebt, dieser kultivierte Genuss, diese atemberaubenden Horizonterweiterungen, diese ekstatische Freude, diese perfekte Work-Life-Balance und so weiter legen es im Grunde darauf an, sich gegenseitig neidisch zu machen. Und sie verfehlen ihre Wirkung nicht.

Auf Social Media Dinge zu posten, die die Welt neidisch machen, hat sich zu einer der beliebtesten Freizeitbeschäftigungen des 21. Jahrhunderts entwickelt. Und viele haben aus ihrem Hobby inzwischen sogar schon einen Beruf gemacht: »Anführer dieser öffentlich ausgestellten und natürlich arg inszenierten Privatheit ist eine Horde von Mode- oder Food- oder Beauty- oder Mommy-Bloggerinnen, die ein System geschaffen haben, das eine erstaunliche Marktkraft entwickelt hat. Und zwar, indem es Neid generiert«, so die Journalistin Laura Ewert. »Manche Menschen leben sehr gut davon, dass sie versuchen, andere Menschen mit ihrem Leben neidisch zu machen. Andere machen einfach nur mit. Wieder andere vergessen dadurch, dass ihr Leben total gut ist, auch wenn bei ihnen zu Hause kein IKEA-Schafsfell auf einem Egon-Eiermann-Stuhl liegt.«[171] So werden wir in den sozialen Medien durch Neid und Unzufriedenheit systematisch zu mehr Konsum angestachelt.

Dabei macht es für uns keinen *grundsätzlichen* Unterschied, ob wir Produkte von Freunden, bezahlten Bloggern oder gesponserten Stars vorgeführt bekommen. Zu sehen, wie viel besser diese Produkte das Leben der anderen machen, lässt es uns in jedem Fall als eine wirklich gute Idee erscheinen, sie selbst zu besitzen. Besonders offen sind wir aber natürlich für die Vorschläge von Freunden, die uns auf Social Media zeigen, was sie sich gerade Krasses gegönnt haben. In dieser Dynamik sind wir aber keineswegs die unschuldigen Opfer. Vielmehr sind wir hier Opfer und Täter gleichzeitig. Wir sind Teil des Systems: So wie der im Netz zur Schau gestellte Konsum unserer Umwelt unseren Konsum befeuert, befeuern wir den Konsum unserer Umwelt, indem wir unseren Konsum im Netz teilen.

Influencer bekommen wenigstens Geld dafür, dass sie anderen durch die Zurschaustellung ihres Konsums irgendwelche Sachen andrehen. Wir machen genau das Gleiche, nur freiwillig und kostenlos. Und weil wir kein Geld dafür bekommen, sind wir so glaubwürdig. Und weil wir so glaubwürdig sind, sind wir so erfolgreich darin, uns gegenseitig zum Kauf von Dingen zu animieren.

Wir sind so erfolgreich, dass neuere Social-Media-Konzepte bereit sind, uns für die Käufe, die wir durch unsere Posts anregen, eine wohlverdiente Provision zu zahlen. Die Idee des *Social Selling*, bei dem wir uns – für eine entsprechende Erfolgsbeteiligung – gegenseitig Sachen verkaufen, ist nicht neu (Tupper-Party). Aber jetzt ist eine Generation, die sich gar nicht mehr an Shopping-Partys erinnert, auf dem Weg, die sozialen Netzwerke mithilfe von Apps wie *Storr* in eine weltweite Dauer-Shopping-Party zu verwandeln. Durch den Aufstieg des Influencer-Marketings und des Onlinehandels direkt von Konsument*in zu Konsument*in ist die Grenze zwischen Social Media und E-Commerce ohnehin schon aufgeweicht.[172] Im Empfehlungshandel 4.0 verschwindet sie dann vollends.

EXPERIENCE ECONOMY

Trotz alledem kann es immer noch vorkommen, dass jemand aus unserem Umfeld sich etwas kauft, ohne uns auf Social Media darüber zu informieren. Es lässt sich auch nicht ganz auszuschließen, dass ein Bekannter von uns mal eine appetitlich angerichtete Mahlzeit in einem angesagten Restaurant, ein liebevoll zubereitetes Heißgetränk in einem sympathischen Café oder einen mondänen Drink in einer coolen Bar zu sich nimmt, ohne uns auf Instagram und Facebook daran teilhaben zu lassen. Das ist zwar äußerst unwahrscheinlich, es ist aber nicht unmöglich. Vollkommen undenkbar hingegen ist es, dass jemand eine Live-Veranstaltung besucht oder eine Reise macht, ohne es auf Social Media absolut jeden wissen zu lassen. Besonders beim Reisen werden keine Ausnahmen gemacht. Die Gelegenheit, Bilder von einer Reise zu posten, lässt man sich auf gar keinen Fall entgehen. Denn das dringende Bedürfnis, die Daheimgebliebenen über Erlebnisse in der Ferne zu informieren, ist so alt wie das Reisen selbst. Konsequenterweise ist es für britische Millennials bei der Wahl ihres Urlaubsortes inzwischen wichtiger, dass dieser instagrammable ist, als dass es dort interessante Dinge zu sehen gibt.[173]

Zum Glück *gibt* es Instagram und Facebook! Denn nicht nur das Bedürfnis, von seinen Reisen zu berichten, ist so alt wie das Reisen selbst, sondern auch die Versuchung, die Erlebnisse dabei ein bisschen zu dramatisieren, die Geschichten ein bisschen auszuschmücken, die Ereignisse ein bisschen aufzubauschen. Und welche Medien wären dafür besser geeignet als Instagram und Facebook, die immer nur einen einzelnen, perfekt ausgewählten und bearbeiteten Moment zeigen, begleitet von wenigen, wohlüberlegten Worten voller verheißungsvoller Andeutungen? In den sozialen Netzwerken kann man seine Erlebnisse schöner und lustiger und spannender erscheinen lassen. Und man kann sie häufiger und länger erscheinen lassen, indem man beispielsweise auch dann noch Urlaubsfotos postet, wenn der Urlaub eigentlich schon längst vorbei ist.

So macht man sich auch hier gegenseitig etwas vor, vermittelt sich gegenseitig den Eindruck, das eigene Leben sei ein einziges Abenteuer, eine andauernde Party, ein niemals endender Urlaub. Man versucht sich mit den glücklichsten, aufregendsten, glanzvollsten, exotischsten, intensivsten und luxuriösesten Erlebnissen zu übertrumpfen und schaukelt sich gegenseitig hoch: Elbphilharmonie in Hamburg, Biennale in Venedig, Burning Man Festival in Nevada. Sich in Uganda Gorillas nähern, in Thailand Elefanten füttern, in Kenia mit Giraffen frühstücken. Rennfahren, Mountain-Rafting, Fallschirmspringen. Dabei gibt man seinen Followern das Gefühl, etwas ganz besonders Tolles, Einzigartiges und Unwiederbringliches verpasst zu haben. Nichts ist besser geeignet, um im Netz soziale Anerkennung zu erwerben und den Neid seiner Umwelt auf sich zu ziehen als fotogene Erlebnisse. Und weil solche Erlebnisse sich noch viel besser posten lassen als Dinge, erscheinen sie uns auch zunehmend wichtiger und begehrenswerter als Dinge. So sind wir auf dem Weg in eine Gesellschaft, in der wir immer mehr Erlebnissen nachjagen, statt immer mehr Güter anzuhäufen. Bereits jetzt – so das Ergebnis einer US-Studie[174] – würden mehr als drei Viertel aller Millennials ihr Geld lieber für ein begehrenswertes Erlebnis oder eine begehrenswerte Veranstaltung ausgeben, als sich etwas Begehrenswertes zu kaufen. Und gute 70 Prozent beabsichtigten, in Zukunft eher ihre Ausgaben für Erlebnisse noch weiter zu erhöhen, als ihre Ausgaben für Dinge zu erhöhen.

Dabei geht es, wie gesagt, nicht nur um die Erlebnisse selbst, sondern auch darum, sie zu dokumentieren und in den sozialen Netzwerken mit anderen zu teilen. Denn durch dieses Teilen ihrer Erlebnisse fühlen sich knappe 70 Prozent der Millennials einfach stärker mit anderen Menschen, mit der Gesellschaft und mit der Welt verbunden.

Insofern ist es nicht überraschend, dass Millennials über die Veranstaltungen, die sie besuchen, und die Reisen, die sie machen, mehr twittern, sharen und posten als jede andere Altersgruppe.

Auf Social Media zu sehen, was andere sich alles *kaufen*, schürt Neid. Per Newsfeeds permanent in Echtzeit mitzubekommen, was die eigenen Freunde gerade *erleben*, schürt die Angst, etwas zu verpassen. Und diese *Fear Of Missing Out*, kurz FOMO, ist nicht einfach nur eine vorübergehende Laune, sie ist ein Lebensgefühl. Fast sieben von zehn Millennials leiden nach eigenen Angaben an FOMO. Diese virale Angst ist die eigentliche treibende Kraft hinter der boomenden Experience Economy. Das überwältigende Gefühl, die Party des Jahrhunderts oder irgendeine andere großartige, lebensverändernde Erfahrung zu versäumen, wenn man zu Hause bleibt, stachelt uns an, Tickets für die nächste Veranstaltung zu kaufen, die nächste Reise zu buchen, hinzufahren, teilzunehmen und mitzumachen.

DIE DIKTATUR DER MEHRHEIT

»Individualität scheint heute ein schmutziges Wort zu sein. Es gibt so viele Auswahlmöglichkeiten, und trotzdem sehen alle aus, als würden sie in Uniform stecken.«[175] All diejenigen, die es – wie die hier schimpfende, fast hundertjährige Stilikone Iris Apfel – noch erlebt haben, werden es bestätigen können: Früher gab es beispielsweise eine Vielfalt an Frisuren. Für die Jüngeren mag es verrückt klingen, aber es gab einmal eine Zeit – damals, vor der Digitalisierung –, da hatten nicht alle Frauen die gleichen langen Haare. Aber jetzt laufen fast alle rum wie Models aus der Parship- oder Elitepartner-Werbung. Und das liegt nicht daran, dass sie den Look dieser Mainstream-Beautys imitieren. Es liegt daran, dass ihr privates Styling und das professionelle Styling der Werbung auf derselben Methode beruhen:

Für die Dating-Apps wird durch Marktforschung das gängige Schönheitsideal ermittelt. Und am Ende präsentieren sich die Models mit exakt der Frisur, dem Top und dem Lippenstift beziehungsweise mit dem Bart und dem T-Shirt, die bei der Mehrheit der Probanden am besten angekommen sind.

Genau wie Marktforscher testen auch wir unsere Looks an einem möglichst großen Pool an Instagram-, Facebook-, Snapchat- und TikTok-Followern. Das positive und negative Feedback aus unseren sozialen Netzwerken ermutigt uns, in eine Richtung zu gehen, beziehungsweise entmutigt uns, in eine andere Richtung zu gehen. Als Kinder des Kapitalismus und der Demokratie haben wir gelernt, dass es das Beste ist, auf die Kräfte des Marktes zu vertrauen und die Mehrheit entscheiden zu lassen. Wenn man sich unsicher ist, ob man sich die goldenen Schuhe kaufen, die Fingernägel grün lackieren, sich einen Bart stehen lassen oder die Haare blond färben soll, gibt man die Frage einfach per YES/NO-Schieber in seiner Insta-Story an die Allgemeinheit weiter. So lassen wir quasi per Volksentscheid über unseren Lebensstil abstimmen. Und diese basisdemokratische Dynamik, der wir uns überlassen, lenkt uns immer automatisch in den Mainstream. Denn bei Klicks und Likes zählt eben am Ende nur die Quantität und nicht die Qualität. Der Score entscheidet. Es interessiert nicht, *wer* unser Foto gelikt hat, sondern nur, *wie viele* es gelikt haben. Im Netz bestimmt die Mehrheit, wo es langgeht. Sie prägt unser Schönheitsideal, unseren Kleidungsstil, unsere Wohnungseinrichtung, unsere Ernährung … Bereits 2015 warnte die Journalistin Laura Ewert:

> »Das Problem sind nicht die so häufig belächelten Filter, die man bei Instagram zur Auswahl hat. Es sind die immer selben Inhalte, die uns sorgen sollten, weil sie zu einer Norm werden. Gerade sind Eggs Benedict ziemlich angesagt. Blaue Wände, pastellfarbenes Geschirr, Sinnspruch-Prints an den Wänden. Kaffeetassen mit Buchstaben darauf, die entweder neben eine Blumenvase gestellt werden oder neben die Tastatur, wenn Montag ist. Und man muss Einkaufstüten fotografieren. Und Sahnekuchen. Aber nur am Wochenende und nur, wenn Nike-Turnschuhe im Bild sind. Und man macht Selfies mit dem Boyfriend, während man ihn auf die Wange küsst, aber nur, wenn beide eine Sonnenbrille tragen.«[176]

Selbstverständlich war einem auch vor der Digitalisierung die Meinung anderer wichtig, und man hat auf den Rat von Freunden gehört. Aber »Freunde«, das war damals nur eine winzige Gruppe enger Vertrauter, eine Handvoll Leute, bei der man davon ausgehen konnte, dass sie einen als Individuum annimmt und mit allen Ecken und Kanten akzeptiert. Social Media hat uns hingegen auf eine größere Bühne gehoben. Im Publikum sitzen jetzt ein paar hundert Leute, die man gar nicht mehr alle persönlich kennt. Und mit der Größe des Publikums wächst auch der Konformitätsdruck. Wenn wir die

Erwartungen dieses Publikums erfüllen, können wir stürmischen Applaus ernten. Wenn nicht, können wir ausgebuht und ausgepfiffen werden. Top-Performing-Post oder Shitstorm – die sozialen Netzwerke halten die ganze Bandbreite für uns bereit. »Der Kontrast von Anerkennung und Ausgrenzung, der Kontrast sozialer Höhen und Tiefen hat sich mit den sozialen Medien verschärft. Man kann mehr gewinnen, aber auch mehr verlieren als früher. Aufgrund der vermehrten Sichtbarkeit gibt es in den sozialen Netzwerken einen impliziten starken Zwang zur Konformität. Rebellische Looks werden seltener, widerständige Stile wie Punk sieht man kaum noch«, so Bosch, Eck und Hipperli.[177]

Fast jeder lässt sich von der Drohkulisse einer möglichen Social-Media-Kontroverse einschüchtern. In vorauseilender Selbstzensur verhalten wir uns zunehmend, als lebten wir unter einem totalitären Regime, in dem man für jede nonkonforme Äußerung ins Gefängnis kommt. Es ist uns bereits in Fleisch und Blut übergegangen, uns nur noch absolut konsensfähig zu äußern. Als garantiert unverfänglich wurden zum Beispiel Sprüche ermittelt wie: *Love what you do – Do what you love; Do more of what makes you happy; Live, laugh, love; Eat, sleep, repeat.* Firmen drucken sie auf Poster, T-Shirts, Notizblöcke, Kaffeebecher, Handyhüllen, Frühstücksbretter, Postkarten. Und wir verbreiten sie als Hashtags auf Instagram, Bildunterschriften auf Facebook, wählen sie als unser Titel- oder Profilbild oder lassen sie uns sogar tätowieren. Die virale Kraft dieser Sprüche beruht (genauso wie die virale Kraft von Kaffeetassen mit Milchschaum, Avocado-Toasts und langen Haaren) nicht darauf, dass an ihnen so viel richtig ist, sondern darauf, dass an ihnen nichts falsch ist.

In dieser geschmacklichen Diktatur der Mehrheit erscheint jede nicht mehrheitsfähige Handlung oder Äußerung als revolutionärer Akt. Jedes Ausscheren aus dem Mainstream ist eine Sensation. Prominente, die sich die Haare abschneiden zum Beispiel, werden dafür gefeiert, als hätten sie allein die Welt umsegelt: »Gewagte Promi-Haarschnitte! Wir lieben die Kurzhaarfrisur von Miley Cyrus und ihr Selbstvertrauen. Frauenpower! Anne Hathaway war so mutig, ihre

Haare bis auf die letzten Zentimeter abzusäbeln. Und das Beste an Annes kreativem Wagnis? Sie ist atemberaubender denn je …«, bejubelt die Journalistin Laura Rose diese Rekordleistungen in Zivilcourage.[178]

Es ist wie in vielen anderen Bereichen auch:

Als die Menschen selbst immer weniger Anlass hatten, sich körperlich zu betätigen, fingen sie an, um so leidenschaftlicher am Profisport Anteil zu nehmen.

Je übergewichtiger die Menschen selbst im Durchschnitt wurden, desto magerer sollten die Fotomodelle sein.

So ähnlich ist es auch jetzt: Je mehr die Vielfalt aus unserem Straßenbild verschwindet, desto mehr *Diversity* wollen die Leute auf den Laufstegen sehen. Der Hype um Gucci und Balenciaga hat auch damit zu tun, dass diese Marken es verstanden haben, ihre Modenschauen als regelrechte Freakshows zu inszenieren. Seit die Menschen bei sich selbst jede Abweichung von der Instagram-Norm notfalls operativ beseitigen lassen, sind sie vollkommen fasziniert von Typen, die zu ihren Makeln stehen.[179] Je angepasster die Leute sich verhalten, desto inniger verehren sie Stars wie Lizzo und Billie Eilish für ihre Individualität. Je höher der Konformitätsdruck ist, der auf den Menschen lastet, desto befreiender ist es für sie, wenn sich jemand anderes einfach darüber hinwegsetzt. Frauen wie Amy Schumer oder Barbara Schöneberger haben massiven Zulauf auf ihren Insta-Accounts, weil sie sich dort ungefiltert und ungeschminkt zeigen. Manchmal sogar, ohne dabei den Bauch einzuziehen! Die tiefe Bewunderung, die ihnen dafür von allen Seiten entgegengebracht wird, sollte man auf keinen Fall als Aufforderung missverstehen, es diesen Promis nachzutun. Sie ist vielmehr eine klare Warnung, so etwas unter gar keinen Umständen selbst zu machen – *These stunts are performed by trained professionals, don't try this at home.*

TRENDS

Was haben ein neuer Trend und eine neue Liebe gemeinsam? Beide versetzen einen in einen Ausnahmezustand, in dem man für eine kurze Zeit zwei Dinge erleben darf, die eigentlich nicht miteinander vereinbar sind:

Frisch Verliebtsein ist der einzige Zustand, bei dem das menschliche Gehirn gleichzeitig Adrenalin (Stress) und Dopamin (Glück) ausschüttet. Für eine kurze Zeit empfinden wir also tatsächlich positiven Stress.

Auch der Reiz eines neuen Trends besteht darin, dass es ihm irgendwie gelingt, widerstreitende menschliche Bedürfnisse vorübergehend miteinander zu versöhnen und gemeinsam zu befriedigen. Und das auch noch doppelt. Erstens: Ein neuer Trend bietet uns die Aufregung über das Neue und gleichzeitig – durch seinen mühelos wiedererkennbaren Look – die Geborgenheit des Vertrauten. Zweitens: Wenn wir einem neuen Modetrend folgen, gibt uns das erstaunlicherweise gleichzeitig das Gefühl von Individualität und das Gefühl von Gruppenzugehörigkeit. »Eigentlich passt das natürlich überhaupt nicht zusammen – dazugehören und sich abgrenzen«, bestätigt der Psychologe Arnd Florack, »aber wir haben verblüffende Strategien entwickelt, um beides gleichzeitig zu erreichen.«[180] So empfinden wir also einen aufkommenden Trend für kurze Zeit als neu und vertraut, exklusiv und inklusiv zugleich.

Leider kann so etwas nie lange so bleiben. In der Liebe lässt das Adrenalin irgendwann nach. Und wenn ein Trend Mainstream wird, dann bleiben früher oder später die Aufregung über das Neue und die

Illusion, individuell zu sein, auf der Strecke. Wenn ein neuer Stil zum gängigen Stil wird, verliert er für uns seinen Reiz. Denn unser Gehirn reagiert immer nur auf Veränderungen: Forscher an der Universität in Nijmegen haben gemessen, wie unsere Nervenzellen auf vertraute Informationen reagieren und wie sie auf unerwartete Informationen reagieren.[181] Dabei stellten sie fest, dass unsere Rezeptoren einfach inaktiv bleiben, wenn das Signal, das sie wahrnehmen, mit unseren Erwartungen übereinstimmt. Das heißt: Unser Gehirn schaltet einfach ab, wenn wir etwas sehen, mit dem wir rechnen oder das unsere Annahmen bestätigt.

Genauso geht unser Gehirn in den Stand-by-Modus, sobald ein bestimmter modischer Look allgegenwärtig geworden ist. Sobald ein Stil unsere Gesellschaft durchdrungen hat, »reizt« er uns im doppelten Sinne nicht mehr. Denn dann nehmen unsere Rezeptoren ihn nicht mehr als Veränderung wahr.

Deshalb sind modische Trends umso kurzlebiger, je schneller sie sich verbreiten. Oder vielmehr je schnell sie sich verbreiten *können*:

Im letzten Jahrhundert konnten sich neue ästhetische Impulse noch nicht so schnell verbreiten wie heute. Denn da reisten Trendinformationen noch mit Flugzeugen und Lkws. Zweimal im Jahr flogen zum Beispiel Berichterstatter aus der ganzen Welt nach Paris und Mailand, um die Menschen in ihrer Heimat über neue modische Tendenzen zu informieren. Das so gewonnene Wissen wurde dann durch illustrierte Zeitschriften auf dem Landweg verbreitet. Auf diese Weise dauerte es mehrere Jahre, bis sich ein neuer Stil auf der ganzen Welt etabliert hatte. Dafür konnte er sich dann aber durchschnittlich zehn Jahre lang halten, bevor er durch war und es Zeit wurde für etwas Neues. So hatte im 20. Jahrhundert noch jedes Jahrzehnt seine durchgängig gültige Ästhetik – die 50er-Jahre, die 60er, 70er, 80er.

Im 21. Jahrhundert hingegen verleiht die digitale Vernetzung der Welt Trends eine ganz andere Dynamik. Wir müssen nicht mehr geduldig warten, bis die Trendberichte der Auslandskorrespondenten über die Printmedien umständlich bis zu uns durchdringen. Denn durch das Internet haben wir jetzt alle jederzeit und überall unseren eigenen Zugang zu Bildern und Informationen aus erster Hand und können in Echtzeit an Ereignissen auf der ganzen Welt teilnehmen.

Zum Beispiel an den Modenschauen in New York, London, Mailand und Paris. Aus gutem Grund fanden diese Vorabpräsentationen der Prototypen einer kommenden Saison früher unter Ausschluss der Öffentlichkeit statt, und das dort Gesehene war selbstverständlich bis zum Saisonstart streng vertraulich. Jetzt hingegen stellen die Marken ihre Fashion-Shows sofort öffentlich ins Netz. Jeder kann sie im Livestream verfolgen. Die spektakulären Bilder verbreiten sich viral im Netz. Und mit den Bildern verbreitet sich auch der neue Look wie ein Lauffeuer. Oder vielmehr wie ein Strohfeuer, denn Fast-Fashion-Unternehmen wie Zara greifen jeden Trend sofort auf, setzen ihn massenkompatibel um und bringen ihn weltweit so schnell und so flächendeckend unters Volk, dass sich noch in derselben Saison eine Sättigung einstellt und der Trend durch ist. Dann haben wir den entsprechenden Look im Netz und auf der Straße bereits so oft gesehen, dass unser Gehirn vor Langeweile einschläft. Unser Blick fällt in den Läden zwar weiterhin auf diese Produkte, aber unsere Rezeptoren reagieren nicht mehr auf sie.

So führen die Digitalisierung und die damit verbundene exponentielle Beschleunigung von modischer Information zu einer exponentiellen Beschleunigung des sogenannten Modekarussells. War die Lebensdauer eines Trends vor der Digitalisierung noch ein Jahrzehnt, so ist sie jetzt nur noch eine Saison. Das heißt, sie hat sich um 95 Prozent verkürzt, nämlich von zehn Jahren auf ein halbes Jahr.

Spätestens jedes halbe Jahr brauchen alle Beteiligten dringend einen neuen Look: Wir Konsument*innen brauchen unverbrauchte Rezeptorenreize, um unser Gehirn wachzukitzeln. Und die Unternehmen brauchen unverbrauchte Konsumanreize. Sie müssen ihre Produkte jede Saison in einem neuen Look an den Start bringen, weil der alte Look für uns dann bereits regelrecht unsichtbar geworden ist.

NATÜRLICHE OBSOLESZENZ VS. PSYCHISCHE OBSOLESZENZ

Die natürliche Obsoleszenz »tritt bei der altersüblichen Abnutzung auf, wenn Gegenstände das Ende ihrer erwarteten Lebensdauer erreicht haben und ihre Funktionsfähigkeit einbüßen«.[182]

Weder wir selbst noch unsere Umwelt erwarten von uns, dass wir jeden Gebrauchsgegenstand so lange benutzen, bis er tatsächlich unbrauchbar geworden ist. Einen Pullover beispielsweise trägt man selbstverständlich nicht so lange, bis er nicht mehr wärmt, sondern nur so lange, bis man keine Lust mehr hat, ihn zu tragen, oder vielmehr so lange, bis man mehr Lust hat, einen anderen Pullover zu tragen.[183] Es ist für uns ganz normal, uns neue Dinge zu kaufen, obwohl die Dinge, die wir haben, »eigentlich noch ganz in Ordnung« sind. Man kann also eigentlich gar nicht mehr von »Verbraucher*innen« sprechen. Denn zum Verbrauch von Dingen kommt es fast nie mehr. Aus den »Verbraucher*innen« sind »Konsument*innen« geworden, die Dinge ersetzen, lange bevor sie verbraucht sind. Von vielen Dingen trennen wir uns also nicht, weil sie *natürlich* obsolet geworden sind, sondern weil sie für uns *psychisch* obsolet geworden sind.

Im Fall der psychischen Obsoleszenz wird nämlich »ein Produkt, das noch voll und uneingeschränkt nutzbar wäre, von den Konsument*innen nicht mehr gewünscht, da es unansehnlich geworden ist oder an Popularität verloren hat, also umgangssprachlich ›out‹ ist. Psychische Obsoleszenz resultiert meist aus Modetrends.«[184]

Das heißt: Ein Gegenstand wird nicht so lange genutzt, wie er hält, sondern nur so lange, wie der mit ihm verbundene Trend Gültigkeit hat. Ein neuer Modetrend macht uns zum Beispiel Lust, uns neu einzukleiden, ein neuer Wohntrend macht uns Lust, uns neu einzurichten, und so weiter. Der Rhythmus, in dem diese Trends wechseln, bestimmt den Rhythmus, in dem wir die Dinge austauschen, mit denen wir uns umgeben.

Wechselnde Modetrends als Ursache für psychische Obsoleszenz gab es schon lange vor der Digitalisierung. Es ist absolut nichts Neues, dass Menschen Dinge aussortieren, weil sie nicht mehr der Mode entsprechen. Neu ist aber die Erfahrung, dass die Dinge umso schneller aus der Mode kommen, je schneller sich die Bilder dieser Dinge verbreiten. Und weil sich die Bilder durch das Internet so schnell verbreiten wie noch nie, kommen die Dinge schneller aus der Mode als je zuvor. Und man sortiert seine Sachen schneller aus als je zuvor. Am Beispiel unserer Kleidung kann man verfolgen, wie sich die Lebensdauer von Trends und die Lebensdauer von Gebrauchsgegenständen im Gleichschritt verkürzen: Fast jeder Zweite sortiert den Großteil seiner Kleidung nach eigenen Aussagen »innerhalb von weniger als einem Jahr« aus.[185] Da man in Deutschland Sommerkleidung nur im Sommer und Winterkleidung nur im Winter tragen kann, bedeutet »innerhalb von weniger als einem Jahr« im Klartext, dass Kleidung nur noch eine Saison getragen wird. So hat sich im Zuge der Digitalisierung tatsächlich mit der Lebensdauer der Trends auch die Lebensdauer von Kleidung auf ein halbes Jahr verkürzt. Ein halbes Jahr ist offenbar die Zeit, die es dauert, bis ein Stück »psychisch obsolet« wird. Oder anders ausgedrückt: Ein halbes Jahr ist im Moment die Zeit, die es dauert, bis man das, was man haben wollte, *nicht* mehr haben will.

DAS OUTFIT DES TAGES

Selbstverständlich kann auch Kim Kardashian mehrmals dasselbe anziehen. Aber eben nur privat. Bei öffentlichen Auftritten kann sie dasselbe Outfit nur einmal tragen.

Auch wenn die meisten von uns nicht so viele öffentliche Auftritte haben wie Kim Kardashian, gilt dieses Prinzip für jeden von uns: Im Alltag ist es kein Problem, dasselbe Outfit mehrfach zu tragen. Aber für einen großen Auftritt muss es eben etwas Neues sein. So ist es beispielsweise ganz klar, dass man als Hochzeitsgast zur kirchlichen Trauung nicht dasselbe Outfit trägt, das man schon auf dem Standesamt anhatte. Denn das hat ja dann schon jeder gesehen. In solchen Fällen wird ein Outfit für seinen Besitzer nicht schleichend obsolet, weil es nach und nach aus der Mode kommt. Vielmehr wird es – durch seine öffentliche Sichtbarkeit – *schlagartig* obsolet.

Im Leben der meisten Menschen waren solche Anlässe, bei denen man sich mit seinem Outfit einem breiteren Publikum präsentierte, bis vor einigen Jahren eher spärlich gesät. Aber das hat sich durch Social Media geändert. Und zwar gründlich. Wenn man ein Foto von sich (*#ootd*) öffentlich teilt, dann ist das nicht nur *so etwas Ähnliches* wie ein öffentlicher Auftritt. Es *ist* ein öffentlicher Auftritt. Die Social-Media-Plattformen sind die große Bühne für den *täglichen* großen Auftritt. Auf Snapchat, Facebook und Instagram kann man sich selbst an einem ganz normalen Dienstag seinem gesamten sozialen Umfeld von seiner besten Seite zeigen. Und für den neuen Mantel, die neuen Schuhen, die neue Tasche, die man dabei anhat, gilt dasselbe wie für das Kleid, das man auf einem großen Fest getragen hat: Man kann es auf dem nächsten großen Fest beziehungsweise für den nächsten Post nicht schon wieder anziehen. Seit man sein Leben permanent dokumentiert und im Netz öffentlich zur Diskussion stellt, ist es zum Fauxpas geworden, dabei zweimal im selben Outfit gesehen zu werden.[186] Wenn man Jugendliche nach den Gründen für ihren schnellen Konsum von schneller Mode fragt, antworten sie regelmäßig, dass sie sich auf Social Media nicht wiederholen wollen.[187]

So führt auch hier die Geschwindigkeit und Reichweite der Bilder dazu, dass sich Looks in unserer digital vernetzten Welt immer schneller verbrauchen. Außerhalb der sozialen Netzwerke mag die Lebensdauer eines Outfits auch heutzutage immerhin noch ein halbes Jahr sein. In den sozialen Netzwerken hingegen ist die Lebensdauer eines Outfits – wie die Bezeichnung *Outfit of the Day* schon verrät – nur noch ein Tag. So wird inzwischen jedes fünfte Kleidungsstück nur noch einmal oder maximal zweimal getragen.[188]

PSYCHISCHE UND QUALITATIVE OBSOLESZENZ

Die meiste Zeit haben wir absolut kein Problem damit, Gebrauchsgegenstände nicht so lange zu ge-brauchen, bis sie tatsächlich unbrauch-bar geworden sind, sie also nicht zu ver-brauchen. In dem Moment, in dem wir etwas aufregendes Neues entdecken, werden die vorhandenen Dinge ohnehin aus unserem Bewusstsein verdrängt. Und so wie sie in unserem Bewusstsein in den Hintergrund geraten, wandern sie auch in unseren Schränken immer weiter nach hinten. Erst in dem Moment, in dem man seine Schränke wegen Überfüllung »wirklich mal ausmisten« muss, holen einen diese Dinge ein. Denn im Gegensatz zu den Snapchat-, Facebook- und Insta-Storys, in denen man sie gepostet hat, löschen sich die Dinge nicht nach vierundzwanzig Stunden von selbst.

Dann kommt die Katerstimmung nach dem Kaufrausch. Es gibt wohl niemanden, für den es sich nicht irgendwie falsch anfühlt, im Grunde neuwertige Kleidungsstücke, Accessoires und Deko-Objekte eigenhändig in die Mülltonne zu werfen. In diesen Momenten des Wegwerfens fühlt man sich schlecht und untreu und oberflächlich und gierig, weil sich zeigt, wie schnell all diese Dinge in unserem Ansehen gesunken sind, obwohl sie doch eigentlich nichts von ihrem Wert eingebüßt haben. In solchen Momenten wünscht man sich insgeheim, diese Dinge wären tatsächlich kaputt. Denn dann bräuchte man kein schlechtes Gewissen zu haben, dass man sie wegwirft.

Die Idee, die Lebensdauer eines Produkts absichtlich zu verkürzen, ist nicht neu. Es gibt sie vermutlich schon so lange, wie es Menschen gibt, die ihr Geld damit verdienen, dass andere Menschen ihnen regelmäßig die gleichen Dinge abkaufen. Bei einer solchen *qualitativen* Obsoleszenz »versagt oder verschleißt ein Produkt zu einem bestimmten, geplanten, gewöhnlich nicht allzu fernen Zeitpunkt«.[189] So verbauen zum Beispiel die Hersteller von Fernsehgeräten oft minderwertige Elektrolytkondensatoren, die spätestens nach fünf Jahren kaputtgehen, obwohl doppelt so lange funktionierende Kondensatoren kaum teurer sind. Seit hundert Jahren wird geplante qualitative Obsoleszenz systematisch und im großen Stil eingesetzt, um die »Ersatzrate« von Gebrauchsgegenständen zu erhöhen.[190] In all dieser Zeit geschah das aber meist ohne das Wissen und immer gegen den Wunsch der Verbraucher. Denn der Homo oeconomicus, der seinen Nutzen maximieren wollte, wünschte sich natürlich grundsätzlich möglichst langlebige Produkte. Damals. Im 20. Jahrhundert.

Neu ist jetzt, im 21. Jahrhundert, dass sich nicht nur die Hersteller, sondern auch wir, die Konsument*innen, eine hohe Ersatzrate wünschen: Die Hersteller haben ein kommerzielles Interesse daran, dass wir uns regelmäßig neue Sachen kaufen, und wir haben unsere Freude daran, uns regelmäßig neue Sachen zu kaufen. Und da wir ohnehin nicht die Absicht haben, die Dinge, die wir kaufen, so lange wie möglich zu nutzen, haben wir auch kein Interesse daran, dass diese Produkte so lange wie möglich halten. Im Gegenteil: Eigentlich wünschen wir uns, dass die Dinge genauso lang – oder vielmehr genauso kurz – halten, wie wir sie nutzen wollen. Denn dann können wir sie guten Gewissens wegwerfen und durch neue ersetzen. Wir können den nächsten Lustkauf vor uns und der Welt als Bedarfskauf rechtfertigen. Denn dann kaufen wir uns nicht das hundertste Paar Schuhe, sondern wir kaufen uns neue Schuhe, weil die alten kaputt sind. Und dagegen ist ja nun wirklich nichts einzuwenden.

Also werden – im gemeinsamen Interesse von Herstellern und Konsument*innen – Produkte inzwischen nach Möglichkeit so hergestellt, dass sie ungefähr dann qualitativ obsolet werden, wenn sie für uns ohnehin psychisch obsolet werden. Oder anders ausgedrückt: Die Dinge werden so hergestellt, dass sie nur so lange halten, wie sie für uns in sind, und kaputtgehen, wenn sie für uns sowieso out sind. Insofern gibt es keinen Grund, überrascht zu sein, wenn sich von den witzigen Schuhen, die wir uns für den Sommer gekauft haben, tatsächlich am Ende des Sommers die Sohle ablöst. Solche Kleidungsstücke werden – sowohl modisch als auch qualitativ – nur für eine Saison gemacht. Das führte 2019 zu dem folgenden Hilferuf des Fachverbands Textilrecycling:

> »Die Container quellen über, die Sammelmengen steigen stetig, die Lager sind voll mit Alttextilien. Die Zunahme der Menge allein wäre womöglich noch beherrschbar. In Kombination mit immer schlechterer Qualität der Sammelware wird das Geschäft jedoch ruinös. Die Textildiscounter und Fast-Fashion-Anbieter bringen in immer schnelleren Zyklen Mode in zunehmend schlechterer Qualität auf den Markt, die immer schneller entsorgt werden muss. Billige Synthetikfasern und Mischstoffe sind für die weitere Verwendung jedoch nur sehr eingeschränkt nutzbar. Sie eignen sich weder für den Second-Hand-Bereich noch für die Putzlappenherstellung oder die Faserrückgewinnung.«[191]

Inzwischen ist es so weit, dass von all den Dingen, die unsere Haushalte durchlaufen, nur ein Prozent sechs Monate nach Anschaffung noch in Gebrauch ist.[192] Selbst die Dinge, von denen wir beim Kauf noch geglaubt hatten, dass wir sie länger behalten würden, sind dazu bestimmt, nach kürzester Zeit weggeworfen zu werden – entweder weil sie aus der Mode kommen oder weil sie kaputtgehen. Oder eben beides gleichzeitig.

Aber was war zuerst, der kurzlebige Konsum oder das kurzlebige Produkt? Gibt es Handys mit rahmenlosem Glas-Display, weil wir uns ohnehin alle zwei Jahre ein neues holen? Oder wechseln wir alle zwei Jahre das Handy, weil das Display dann ohnehin kaputt ist? Die Frage ist so müßig wie die Frage nach dem Huhn und dem Ei. Es gäbe das eine nicht ohne das andere.

ZUM BEISPIEL JEANS

Die Jeans, die wir tragen, sind ein perfektes Beispiel für ein Produkt, bei dem sich im Gleichschritt mit der *gewünschten* Nutzungsdauer auch die *mögliche* Nutzungsdauer immer weiter verkürzt hat:

Der Legende nach wurde die Jeans ursprünglich einmal als Heavy-Duty-Arbeitsbekleidung für Goldgräber konzipiert. So war sie immer das robusteste und haltbarste Element in unserer Alltagsgarderobe – extrem strapazierfähiges Material, mit dickem Garn doppelt genäht und an kritischen Stellen mit Nieten verstärkt, ein extradicker Metallreißverschluss und ein nicht angenähter, sondern genieteter Knopf.

Im Laufe ihres langen Lebens durchlief eine derart unverwüstliche Hose von Natur aus verschiedene Phasen:

In der Frühphase war sie noch steif und unbequem und unterschied sich mit ihrer einheitlichen Farbe noch kaum von anderen dunkelblauen Hosen.

In ihrer Hochphase hingegen war sie geschmeidig geworden, hatte sich dem Körper angepasst und zeigte an den stärker strapazierten Stellen den typischen Farbabrieb, der den Reiz des Denim ausmacht und der Jeans ihren Charakter verleiht.

In der Spätphase schließlich wurde die Hose zu einem geschichtsträchtigen Liebhaberstück mit Löchern, fadenscheinigen Kanten und dekorativem Flickwerk.

Doch dann kam die Globalisierung und die Jeans-Hersteller verlegten ihre Produktion in Billiglohnländer. Durch die billigen Löhne fielen die Preise für die fertigen Hosen, und die Menschen konnten sich viel öfter neue Jeans leisten als früher. So wurde Anfang der 1980er-

Jahre die Langlebigkeit der Goldgräberhose plötzlich zum Problem: Da war es dann nämlich so weit, dass die Menschen ihre Jeans nur noch so selten und so kurz trugen, dass sie gar nicht mehr in den Genuss der oben beschriebenen Hoch- und Spätphase des Kleidungsstücks kamen. So wurde damals die Idee geboren, den Kund*innen die Frühphase zu ersparen, indem man die Hosen bereits vor der Auslieferung in einen getragenen Zustand versetzte.

Der eigentliche Boom des künstlichen Used-Looks kam aber erst mit der Digitalisierung. Denn mit der Vernetzung der Welt fingen die Modetrends an, immer schneller zu wechseln, und man kaufte sich noch öfter neue Kleidung. Und je öfter die Leute sich neue Jeans kauften und je kürzer sie sie trugen, desto heftiger wurde in der Produktion gewaschen, geschmirgelt, gefeilt, gesandstrahlt und gelasert, um neue Jeans immer noch älter aussehen zu lassen. An den Bezeichnungen, mit denen das jeweilige Finish dann beworben wurde, lässt sich die Eskalation ablesen: *rinsed, washed, sand-washed, stone-washed, distressed, destroyed.*

Selbstverständlich ist die Lebenserwartung einer Hose, die schon halbtot in die Läden kommt, nicht mehr besonders hoch. Denn ein derart chemisch und mechanisch zermürbtes Material sieht nicht nur alt aus, es ist tatsächlich schlagartig gealtert. So war bereits in den Nullerjahren aus einem ursprünglich einmal unverwüstlichen Kleidungsstück tatsächlich eine Klamotte geworden.

Aber das war noch gar nichts. Denn in den Zehnerjahren hat Social Media die psychische und qualitative Kurzlebigkeit unserer Kleidung noch einmal auf ein ganz neues Niveau gebracht. Wie oben beschrieben, ist eine Klamotte auf Instagram nämlich nicht erst nach einer Saison, sondern eigentlich schon nach einem Tag psychisch obsolet (*#ootd*). Und selbstverständlich musste die qualitative Obsoleszenz da sofort nachziehen. Wenn der Look durch ist, kann und soll auch der Stoff durch sein. Und so machte sich die Jeansindustrie daran, eine Goldgräberhose zu schaffen, die schon nach einmaligem Tragen auseinanderfällt. Das war natürlich nicht einfach. Aber, wo ein Wille ist, ist auch ein Weg: Denn selbst der robusteste Stoff hat eine

Schwachstelle, nämlich die offene Schnittkante. Wenn ein Gewebe nicht »versäubert« wird, dann fängt es sofort an auseinanderzufallen. Also werden unsere Jeans jetzt nicht mehr gesäumt, sondern einfach unten abgeschnitten und an verschiedenen Stellen mitten im Stoff aufgeschlitzt. So ist sichergestellt, dass sie spätestens in der ersten Wäsche anfangen, sich aufzulösen.

Wenn die ursprüngliche Jeans ein Blechnapf war, also ein Produkt, das man fast unbegrenzt benutzen konnte, dann ist die heutige Jeans ein Pappteller, also ein Einwegprodukt, das man selbst dann nicht öfter benutzen könnte, wenn man es wollte, weil es sich auflöst, wenn man es wäscht. So haben Konsument*innen und Industrie Hand in Hand aus einem sehr langlebigen Produkt ein sehr kurzlebiges Produkt gemacht.

BESITZINFARKT

Einige Hunderassen fressen mehr, als sie brauchen. Cockerspaniels zum Beispiel schlingen alles in sich rein, was sie kriegen können. Sie haben keine natürliche Fressbremse. Sie haben nie eine gebraucht, weil es für ihre Vorfahren in freier Wildbahn – wenn überhaupt – nur ausnahmsweise mal zu viel zu futtern gab.

Genauso haben wir Menschen, wenn es um unseren Besitz geht, nie eine natürliche Bremse entwickelt. Denn ähnlich wie die Entwicklungsgeschichte des Cockerspaniels war auch die Entwicklungsgeschichte des Menschen in der Gesamtbetrachtung eher ein prekärer Kampf ums Überleben. 200.000 Jahre lang gab es für unsere Gattung eigentlich nie verlässlichen materiellen Wohlstand. So ist es uns in Fleisch und Blut übergegangen, uns nicht nur das zuzulegen, was wir jetzt im Moment gerade brauchen, sondern alles zusammenzuraffen, was wir kriegen können. Wir horten aus einer Urangst vor Mangel. Wir bunkern Dinge, weil wir sie vielleicht später einmal brauchen könnten. Wir hamstern, um zu überleben. 7.600 Generationen lang mussten wir das so machen.[193]

In anhaltendem Überfluss leben wir nämlich erst seit zwei Generationen. Das Ende des Zweiten Weltkriegs war – auch für unseren Besitz – die »Stunde null«. Aber seitdem genießen wir in Westeuropa Frieden – seit über fünfundsiebzig Jahren ununterbrochen. Und in diesem Frieden geht es für uns steil bergauf. Seit 1945 ist unser Leben ein fortgesetzter Marshallplan, ein einziges *European Recovery Program*, ein schier endloses Wirtschaftswunder. Seit mehr als zwei Generationen können wir Besitz anhäufen. Alle haben sich einen eigenen Hausstand aufgebaut. So richtig. Mit mehreren vollständigen Porzellanservicen, mehreren Sets Gästehandtüchern, Weihnachts- und Osterdekoration und allem Drum und Dran. Und fast alle haben von ihren Eltern zusätzlich komplette Hausstände geerbt. Mit mehreren vollständigen Porzellanservice, mehreren Sets Gästehandtüchern, Weihnachts- und Osterdekoration und allem Drum und Dran. Wir wissen gar nicht mehr, wohin mit all unserem Wohlstand. Unsere Keller und unsere Speicher quellen über von Kartons, die wir seit mehreren Umzügen nicht geöffnet haben. Wir mieten noch Self-Storage-Räume dazu, um dort »vorübergehend« ein paar Sachen abzustellen – den soliden Kleiderschrank, den wir aber nicht mehr brauchen, weil wir jetzt einen begehbaren Kleiderschrank haben; die kostbaren und lieben Erbstücke, die aber gar nicht unser Geschmack sind; die komplette Sitzgruppe, die (für unsere alte Neubauwohnung gekauft) jetzt (in unserer neuen Altbauwohnung) nicht mehr passt; die fast neuen Betten und Matratzen, die wir durch coole Boxspring-Betten ersetzt haben. Allein von 2002 bis 2014 hat sich das Volumen solcher Self-Storage-Flächen mehr als verzehnfacht. Es könnte kaum offensichtlicher sein, dass wir viel mehr besitzen, als wir brauchen.[194]

Für unser Konsumverhalten ist das aber irrelevant. Denn schließlich schaffen wir uns nicht nur das an, was wir gerade brauchen, sondern alles, was wir uns gerade leisten können. Die Evolution hat uns darauf programmiert, uns alles zu kaufen, was wir uns kaufen können, und zwar immer sofort. Wenn man plötzlich doppelt so viel verdient wie vorher, dann ist das Geld am Ende des Monats trotzdem weg. Egal, wie viel Geld man zur Verfügung hat, man gibt es aus. Und wenn man sich von irgendetwas plötzlich fünfmal so viel leisten kann wie früher, weil es jetzt in Billiglohnländern produziert wird, dann kauft man sich davon eben fünfmal so viel. Im Laufe der letzten Jahrzehnte ist die Menge an Dingen, die wir uns leisten können, exponentiell gewachsen. Wir haben aber nie gelernt, damit umzugehen. So tragen wir von Jahr zu Jahr noch mehr Tüten nach Hause und lassen uns noch mehr Päckchen liefern.

Und weil wir permanent mehr kaufen, als wir jemals verbrauchen können, nimmt unser Besitzstand beständig zu. Er nimmt auf so ungesunde Weise zu, wie ein Körper, dem man permanent mehr Kalorien zuführt, als er verbrennen kann: unsere Schränke gehen aus dem Leim, unsere Regale borden über, unsere Keller sind vollgestopft, unsere Speicher überlastet. Unsere Hausstände verfetten, und trotzdem shoppen wir weiter bis zum Besitzinfarkt. Unser Konsum hat keine natürliche Fressbremse. Wir shoppen so lange, bis wir uns in unseren eigenen vier Wänden nicht mehr wohlfühlen, bis wir das Gefühl haben, uns unter dem ganzen Ballast kaum noch bewegen zu können, keine Luft mehr zu bekommen. Vor guten hundert Jahren (also vor den Verlusten durch die beiden Weltkriege) hatte eine durchschnittliche deutsche Familie etwa 180 Dinge in ihrem Haushalt. Heute sind es 10.000.[195]

Wir haben die Kontrolle über unseren Besitz verloren. Wir kommen einfach nicht mehr hinterher. Aus eigener Kraft schaffen wir es offenbar nicht mehr, so schnell und so viel wegzuwerfen, wie wir neu kaufen. Deshalb brauchen wir Hilfe. Professionelle Hilfe! Von hauptberuflichen Minimalisten, Wegwerfberatern, Ausmist-Gurus und Ordnungs-Coaches. Sie sind die Personal Trainer, Ernährungsberater, Physiotherapeuten und Masseure des Überkonsums. Es werden täglich mehr, und sie haben massiven Zulauf. Je nach Geschmack gibt es sie in der nüchtern-skandinavischen oder in der esoterisch-fernöstlichen Variante. Marie Kondō ist mit der esoterisch-fernöstlichen Variante zum Weltstar geworden. Mit dem Versprechen, dass die Freude in unser Leben zurückkehrt, wenn wir unseren Überbesitz mit einem herzlichen Abschiedsgruß in Mülltonnen und Schubladen verschwinden lassen, hat sie bereits elf Millionen Bücher und eine eigene Netflix-Serie verkauft.[196] Eher nüchtern hingegen rechnet zum Beispiel Joshua Becker uns vor, wie viel Geld und Zeit wir sparen, wenn wir ihm und seinen Ratschlägen auf *becomingminimalist.com* folgen – gemeinsam mit Millionen von Abonnenten.

Mit Rat und Tat helfen uns diese Profis dabei, weniger zu kaufen und/oder mehr wegzuwerfen und wegzuräumen, als wir kaufen. Mit ihrer Hilfe – so lautet das Versprechen – wird es uns gelingen, die Kontrolle über unseren Besitz zurückzugewinnen. Und dann werden wir es endlich schaffen, das minimalistische Leben zu führen, das wir uns eigentlich so sehr wünschen. Denn in unserer übersättigten und vollgestopften Gesellschaft gilt ein minimalistischer Lebensstil als die Traumfigur des Konsums. Er ist sozusagen das Sixpack unter den Lebensstilen, der ultimative Ausweis von Disziplin und Selbstbeherrschung. Er ist das äußere Zeichen, dass man als Einziger die Kultur und die Willensstärke besitzt, den allgegenwärtigen Versuchungen des Konsums zu widerstehen.

TEIL III – HOW TO SPEND IT

»Sei vorsichtig, wessen Rat du annimmst, aber nachsichtig mit denen, die ihn anbieten.«

MARY SCHMICH IN »WEAR SUNSCREEN«[197]

BABY STEPS

Der Vorsatz, nachhaltiger zu konsumieren, ist ein bisschen wie der Katholizismus. In der katholischen Kirche wird einem auch sehr schnell klargemacht, dass man es nie perfekt machen wird, weil man es nicht perfekt machen *kann*. Selbst wenn es einem gelänge, nicht zu sündigen, wäre da immer noch die Erbsünde.

Laut Weltklimarat dürfte jeder Mensch auf der Welt nicht mehr als zwei Tonnen CO_2 verursachen. Wir Deutschen verursachen aber derzeit elf Tonnen pro Kopf, von denen sich 1,1 Tonnen sowieso unserem persönlichen Einfluss entziehen, weil sie durch Dinge wie unsere nationale Infrastruktur entstehen.[198] Das heißt: Selbst wenn wir gar nicht mehr fliegen, gar nicht mehr Auto fahren, gar kein Fleisch mehr essen würden und so weiter, würden wir unseren persönlichen CO_2-Ausstoß trotzdem nicht auf zwei Tonnen drücken können, sondern immer noch fünf Tonnen CO_2 pro Person verursachen. Und selbst in dem – rein theoretischen – Fall, dass es uns allen gelänge, unseren persönlichen CO_2-Ausstoß von einem Tag auf den anderen auf null zu bringen, wäre es wahrscheinlich bereits jetzt zu spät, um eine kritische Erderwärmung um zusätzliche 1,5 Grad Celsius zu verhindern[199] – *durch meine Schuld, durch meine Schuld, durch meine große Schuld.*

Wir müssen akzeptieren, dass es nie gut genug sein wird. Wir können und müssen uns aber bemühen, es wenigstens so gut wie möglich zu machen. Am Ende kommt man wahrscheinlich trotzdem nicht in den Himmel. Aber man hat es zumindest versucht.

Um sich von der Unerreichbarkeit und Unabsehbarkeit eines wirklich nachhaltigen Konsums nicht entmutigen und lähmen zu lassen, hilft es, sich den Weg dorthin in einzelne kleine Schritte aufzuteilen. Baby Steps. Zumindest die ersten davon sind erstaunlich einfach.

ONE-WAY? NO WAY!

Im ersten Schritt könnte man auf all die Dinge verzichten, die einem noch nicht einmal Freude machen, die einem gar nichts bedeuten, bis auf eine klitzekleine Bequemlichkeit. Zum Beispiel Einwegprodukte. Die Zahlen sprechen für sich: Pro Jahr werden in Deutschland 2,8 Milliarden Einwegbecher weggeworfen, dazu 1,3 Milliarden Kunststoffdeckel.[200] Das sind 150.000 Plastikdeckel pro Stunde. Weltweit sind wir bei einer Million Plastikflaschen pro Minute, von denen mehr als 90 Prozent nicht recycelt werden.[201]

Der Coffee-to-go und das Wasser sind schnell getrunken. Der Plastikdeckel und die Plastikflasche aber bleiben im System der Erde – für alle Ewigkeit. Denn Plastik ist biologisch »inert«, das heißt, es verrottet nicht, es zerbricht nur in immer kleinere Teile. Deshalb: Einwegkaffeebecher, Plastiktüten, Einwegwasserflaschen, Kaffeekapseln, Plastikstrohhalme, Einwegbesteck, Plastikwattestäbchen … – einfach nein. Spätestens seit die Bilder von den riesigen Plastikinseln in unseren Ozeanen um die Welt gehen, sollte es selbstverständlich sein, auf derartige Dinge zu verzichten. Wer als Konsument*in noch einen Funken Selbstachtung hat, wartet nicht, bis man sie per Gesetz verbietet.

THE TRUE COST

Im zweiten Schritt geht es um Dinge, die uns zwar auch nicht wirklich etwas bedeuten, die uns aber immerhin schon ein bisschen Freude machen. Die Winzigkeit und Kürze der Freude, die sie uns bereiten, stehen aber in keinem Verhältnis zu der Größe und Dauer des Schadens, den sie anrichten. Je größer dieses Missverhältnis ist, desto eher sollten wir auf sie verzichten.

The True Cost heißt ein sehr sehenswerter Dokumentarfilm, der die Ausbeutung von Menschen und die Zerstörung der Natur für die Herstellung von Billigmode zeigt. Der Titel des Films bringt es auf den Punkt: Die Dinge, die wir kaufen, haben zwei Preise – erstens den Preis, den wir in Euro bezahlen, um sie uns zu kaufen, und zweitens den Preis, den Menschen, Tiere und Pflanzen dafür bezahlen, *dass* wir sie kaufen. Besonders wenn der Kaufpreis einer Sache sehr niedrig ist, neigen wir dazu, nicht darüber nachzudenken, dass ihr sozialer und ökologischer Preis vielleicht sehr hoch sein könnte.

Selbstverständlich können wir alle es uns leisten, uns für dreißig Cent eine Weihnachtsmannmütze zu kaufen, um damit auf dem Weihnachtsmarkt eine Runde zu drehen. Wir können es uns aber nicht leisten, dass all diese Mützen nach einmaligem Tragen auf dem Müll landen. Wenn man sich auch den anderen, »den wahren Preis« seiner Kaufentscheidungen bewusst macht, vergeht einem der Spaß an vielen Dingen von selbst: ironische Geschenke, peinliche Overalls zum Junggesellenabschied, Ugly Christmas-Sweater, solarbetriebene Wackelblumen und so weiter – *not funny*.

USE ME!

Die Frage, ob wir das, was wir uns kaufen, wirklich brauchen, ist schwer zu beantworten. »Brauchen« ist ein sehr dehnbarer Begriff. Brauchen wir Musik? Eine Welt, in der wir nur das hätten, was wir wirklich brauchen, wäre eine sehr traurige Welt. Wenn uns etwas wirklich Freude bereitet, ist das schon ein guter Grund, es zu kaufen.

Bevor wir uns etwas kaufen, sollten wir uns aber trotzdem auch ehrlich fragen, ob uns nur der Kauf dieser Sache Freude macht oder ob uns auch ihr späterer Besitz Freude machen wird. Ist es realistisch, dass wir das Objekt, das uns gerade so begehrlich erscheint, auch benutzen werden? Werden wir uns mit dem Entsafter wirklich regelmäßig Smoothies machen? Wird es zu Hause Anlässe geben, den Sarong zu tragen, der uns im Urlaub angeboten wird? Werden wir jeden Tag fünf Minuten mit dem Flexi-Bar trainieren? Werden wir mit der charmanten Retroschlafmaske wirklich besser einschlafen können als ohne? Werden wir in den Park gehen, um die Drohne fliegen zu lassen? Etwas in uns kennt die Antwort. Etwas in uns ahnt, warum die Flohmärkte voll sind von fast unbenutzten Fitnessgeräten, neuwertigen Entsaftern und originalverpackten Drohnen. Deshalb lohnt es sich, vor dem Kauf einer Sache kurz innezuhalten und sich zu fragen, ob wir diese Sache auch wirklich ge-*brauchen* werden. Das ist nicht nur gut für die Umwelt und für unseren Kontostand. Es ist auch gut für unsere Psyche. Denn Kaufen macht uns nur dann zufrieden, wenn wir die Dinge auch benutzen. Der Kauf von Dingen, die wir kaum oder gar nicht nutzen, macht uns hingegen richtiggehend unzufrieden und unglücklich, egal wie beglückend uns diese Dinge im Augenblick des Kaufes erscheinen. Das ist wissenschaftlich erwiesen.[202]

LEICHTER GESAGT ALS GETAN

»Buy less, choose well, make it last«, ruft die Modedesignerin und Umweltaktivistin Vivienne Westwood in die Welt. »Weniger kaufen« – das ist leicht gesagt. Es ist einfach, auf Dinge zu verzichten, die uns sowieso nicht wirklich glücklich machen. Aber auf Dinge zu verzichten, die uns wirklich etwas bedeuten, das ist verdammt schwer. Mode zum Beispiel scheint den meisten Menschen wirklich etwas zu bedeuten. Sonst wäre sie nicht das nach Pornografie am zweithäufigsten gesuchte Thema im Netz. Der Kauf neuer Kleidung beschert vielen von uns ganz besondere Hochgefühle. Und ein solches Verhalten zu ändern, das mit ganz besonderen Hochgefühlen verbunden ist, ist nicht ohne.

Vor allem weil wir immer wieder den Fehler machen, die Macht solcher Gewohnheiten und Verhaltenssüchte zu unterschätzen. »Weniger kaufen« – das ist genauso leicht gesagt wie »weniger rauchen« und »weniger essen«. Und genauso schwer getan. Fast jeder scheitert daran – selbst sehr disziplinierte und willensstarke erwachsene Menschen. Dabei fehlt es weder an der Einsicht, dass es in jeder Hinsicht besser wäre, weniger zu rauchen oder weniger zu essen oder weniger zu kaufen, noch an dem ernst gemeinten Vorsatz, es zu tun. Zu Beginn jeden neuen Jahres nehmen sich unzählige Menschen vor, mit dem Rauchen aufzuhören, und werden dann doch wieder rückfällig. Jedes Frühjahr sind die Zeitschriften voll mit Diättipps. Und am Ende des Jahres ist man trotzdem ein bisschen dicker als vorher.

Genauso ist es mit unserem Konsum: Wir wissen schon lange, dass unser Überkonsum fatale Folgen hat – nicht nur für unser Portemonnaie, sondern auch für die Menschen, die ihn möglich machen müssen, und für die globalen Ressourcen, die dafür aufgebraucht werden. Wir wissen das alles. Und trotzdem kaufen wir jedes Jahr ein bisschen mehr. Eine vorübergehende Einsicht gibt uns eben noch nicht die Kraft, den kalten Entzug durchzustehen. Der gute Vorsatz allein reicht nicht aus, um die seelische Abhängigkeit zu überwinden.

Wenn man sich anguckt, wer am Ende tatsächlich mit dem Rauchen aufhört, dann sind das oft diejenigen, die das Ganze wie eine medizinische Therapie angehen. Und wenn man sich anguckt, wem es tatsächlich gelingt, abzunehmen und schlank zu bleiben, dann sind das meist diejenigen, die das Ganze mit System betreiben. Genauso wird auch unser Konsumverzicht – das, was die Franzosen »Déconsommation« nennen – nur gelingen, wenn wir ihn systematisch angehen. Es gibt bewährte Strategien und Tricks, mit denen man Verhaltenssüchte besiegen kann. Solche Methoden können uns auch dabei helfen, unsere guten Konsumvorsätze in die Tat umzusetzen. Wir brauchen ein System für unsere Konsumdiät.

KONSUMDIÄT

Erfolgreiche Diäten arbeiten mit Maßeinheiten. Dabei wird jedem Lebensmittel eine Zahl zugeordnet. Früher zählte man Kalorien, heute berechnet man Mikros und Makros. Wer abnehmen will, muss den Nährwert der Dinge einschätzen können. Wer Geld sparen will, muss die Preise der Dinge kennen. Genauso müssen wir, wenn wir unseren Konsum umweltverträglicher gestalten wollen, die ökologischen Auswirkungen unserer einzelnen Konsumentscheidungen kennen. Sonst laufen wir Gefahr, zwischen Soja-Latte, Biobaumwoll-Yogakleidung und *4OCEAN*-Armbändchen ein pseudonachhaltiges Leben zu führen, das zwar an der Oberfläche alle Kriterien eines modischen L.O.H.A.S. (*Lifestyle of Health and Sustainability*) erfüllt, unterm Strich aber überhaupt nicht nachhaltig ist. »Tatsächlich kann die Zahl der ökologisch korrekten Einzelhandlungen permanent zunehmen, während sich die ökologische Gesamtsituation systematisch verschlechtert. Aussagekräftig ist nur die ökologische Gesamtbilanz aller Handlungen und nicht die Verausgabung in symbolträchtigen Aktionen, die nur wenig bewirken«, macht Wachstumskritiker Prof. Dr. Niko Paech unmissverständlich klar. »Ein Hin- und Rückflug nach Sydney in Australien setzt fast vierzehn Tonnen CO_2 pro Passagier frei. So viele regional und biologisch angebaute Lebensmittel kann niemand während eines Menschenlebens essen, um das jemals auszugleichen.«[203] Nur wenn uns solche Relationen bewusst sind, können wir auch bewusst konsumieren. Nur wenn wir die Verhältnismäßigkeiten in unserem Konsum kennen, können wir ihn effektiv nachhaltiger gestalten.

Deshalb brauchen wir für unseren Konsum eine ökologische Maßeinheit. Und da der Klimawandel derzeit als die akuteste ökologische Bedrohung erscheint, liegt es nahe, die Schädlichkeit der Dinge, die wir konsumieren, an ihrem CO_2-Effekt zu messen. Der Einfachheit halber. Auch wenn das nur einer von vielen Aspekten einer vollständigen Ökobilanz ist und die Frage nach der Sozialverträglichkeit unseres Konsums dabei komplett außer Acht gelassen wird. Mithilfe des Kohlendioxidfußabdrucks können wir uns aber zumindest schon einmal einen groben Überblick verschaffen und die größten Einsparungspotenziale erkennen:

Konsum im engeren Sinne ist tatsächlich für 63 Prozent – also für deutlich mehr als die Hälfte – des CO_2-Ausstoßes verantwortlich, den jeder Deutsche verursacht. (Den Rest machen Heizung, Strom und Infrastruktur aus.) Diese 63 Prozent Konsum-CO_2 setzen sich zusammen aus unserer Ernährung, unserer Mobilität und unserem sonstigen Konsum. Wobei drei Viertel zu fast gleichen Teilen auf unsere Mobilität (Autofahren, Fliegen und so weiter) und unseren sonstigen Konsum (Kleidung, Elektrogeräte und so weiter) zurückzuführen sind und unsere Ernährung das restliche Viertel verursacht. Mithilfe des CO_2-Ausstoßes als einheitlicher Ökowährung können wir unseren Konsum in diesen drei so unterschiedlichen Bereichen miteinander vergleichen und zueinander ins Verhältnis setzen: Unsere Kleidung ist zum Beispiel nur für 3,5 Prozent unseres täglichen Kohlendioxids verantwortlich, die tägliche Fahrt zur Arbeit dagegen für 16 Prozent, also für das Fünffache.[204]

Mit einem der einschlägigen CO_2-Rechner im Internet kann man den CO_2-Effekt seines Konsums – beziehungsweise seines Konsumverzichts – relativ problemlos ermitteln. Dabei stellt man mit großer Wahrscheinlichkeit fest, dass vieles anders ist, als man immer angenommen hat. So wird von den meisten Menschen zum Beispiel das Potenzial zur CO_2-Reduktion, das in einem Verzicht auf Plastiktüten oder in einer saisonalen und regionalen Ernährung steckt, dramatisch überschätzt, während die Menge an CO_2, die durch den Verzicht auf Fleischgerichte vermieden werden könnte, im Allgemeinen dramatisch unterschätzt wird.[205]

Vermutlich ebenso überraschend zeigt sich in der CO_2-Bilanz, dass es gar nicht grundsätzlich ökologischer ist, Erlebnisse statt Dinge zu konsumieren, wie gerne behauptet wird. Ob das so ist, hängt nämlich ganz von den jeweiligen Erlebnissen und den jeweiligen Dingen ab: Wenn man zum Beispiel von Frankfurt nach Teneriffa und zurück fliegt (Erlebnis), hinterlässt man dabei einen sehr viel größeren CO_2-Fußabdruck, als wenn man sich dreihundert T-Shirts (Dinge) kaufen würde.[206] Das heißt: Die wachsende Experience Economy macht unsere Welt zwar wahrscheinlich weniger materialistisch, aber nicht zwangsläufig umweltfreundlicher.

YOU'VE GOT TO START SOMEWHERE

Der Minimalismus-Guru Joshua Becker trägt seit Jahren dasselbe Outfit, aber nicht, um die Umwelt zu schonen, sondern weil er keine Lust hat, sich über seine Kleidung Gedanken zu machen. Und weil *er* immer dasselbe graue T-Shirt und dieselbe Khaki-Hose trägt, findet er, alle anderen sollten es genauso machen. Klar: Modemuffel meinen, man bräuchte nur ein Outfit. Radfahrer finden Autos total überflüssig. Veganer behaupten, der Mensch brauche keine tierischen Nahrungsmittel. Und so weiter. Es ist erstaunlich, wie selbstverständlich sich jeder selbst zum Maßstab erhebt, wenn es um bewussten Konsum geht. Auf die Dinge, die man selbst nicht in Anspruch nimmt, sollen gefälligst auch alle anderen verzichten. Und die Dinge, auf die man selbst auf keinen Fall verzichten möchte, erklärt man einfach zum unantastbaren Mindestkonsum – die Yogareise nach Bali zum Beispiel oder einfach nur die Tasse Kaffee am Morgen, deren Herstellung nicht nur 125 Gramm CO_2 freisetzt, sondern auch ganze zweihundert Liter Wasser verbraucht.[207]

Besonders wenn es um nachhaltige Ernährung geht, ist es unerträglich, wie alle versuchen, sich gegenseitig ihre Form des Konsumverzichts aufzuzwingen: Fleisch verursacht viel zu viele Treibhausgase. Milchprodukte und Eier verursachen natürlich ebenfalls zu viele Treibhausgase. Die Meere sind sowieso schon überfischt. Nicht regionales Obst und Gemüse werden unter zu hohem Energieaufwand hierher transportiert. Nicht saisonales Obst und Gemüse hingegen werden unter zu hohem Energieaufwand in Treibhäusern gezogen. Und so weiter.

Für sich genommen ist das alles richtig. Aber wenn wir das alles beachten würden, wäre unser Leben nur noch Wurzelgemüse, Sauerkraut und verschrumpelte Äpfel und ungewaschene, ungebügelte Second-Hand-Kleidung. Die Vielzahl und Strenge der Auflagen lässt uns ein radikal nachhaltiges Leben als etwas erscheinen, das wir weder erreichen können noch erreichen wollen. Der Anspruch, nur und ausschließlich nachhaltig zu leben und Fair Trade zu kaufen, würde uns genauso um Jahrzehnte im Fortschritt der Menschheit zurückwerfen wie der Anspruch, weder direkt noch indirekt ein Produkt von Google zu nutzen. Und am Ende stünde die empfundene Größe der persönlichen Opfer, die man dabei erbringen müsste, in einem absurden Missverhältnis zu der empfundenen Winzigkeit des Beitrags, den man damit zur Verbesserung der Welt leisten könnte. Also brechen die meisten den Versuch, nachhaltiger zu leben, einfach ab und machen so weiter wie bisher. Leider.

Einer der Gründe, warum die Abbrecherquote bei den Weight Watchers immer niedriger war als bei vielen anderen Diäten, ist, dass sie Raum für Individualität lässt: Jeder bekommt ein individuelles Punkteziel, das für ihn realistisch ist. Wie man dieses Ziel erreicht – ob man also lieber nur ein Croissant oder stattdessen für dieselbe Punktzahl viereinhalb Scheiben Graubrot isst –, bleibt einem selbst überlassen.

Egal ob es darum geht, seine Kalorienzufuhr oder seinen Konsum zu reduzieren – sich selbst Ziele zu stecken und diese einzuhalten kann funktionieren. Es kann sogar Spaß machen. Es funktioniert aber erfahrungsgemäß nur, wenn diese Ziele realistisch sind und wenn diese Ziele zu einem passen.

Wir fordern von unserer Regierung, dass sie ihre Klimaziele einhält. Das Gleiche sollten wir auch von uns selbst verlangen. Jeder sollte sich ein individuelles Klimaziel setzen und es auch einhalten. Der eine entscheidet sich vielleicht, sich erst wieder ein neues Paar Sneaker zu kaufen, wenn ein altes kaputt ist. Ein anderer mag sich vornehmen, sein monatliches Shopping-Budget auf einen bestimmten Betrag zu begrenzen. Noch ein anderer hingegen mag sich vornehmen, nicht weniger, sondern mehr Geld auszugeben, dafür aber langlebigere Produkte zu kaufen. Der eine fährt wenigstens von April bis September mit dem Fahrrad zur Arbeit. Jemand anderes will nicht auf sein Auto verzichten, entschließt sich aber, seine inländischen Geschäftsreisen ab sofort mit der Bahn statt mit dem Flugzeug zu machen. Jemand anderes fliegt zwar weiterhin, spendet aber Geld, damit – als Klimaausgleich für seine Flugreisen – Bäume gepflanzt werden … All das rettet noch nicht die Welt, ist aber unendlich viel besser, als einfach so weiterzumachen wie bisher.

COMPETITIVE ALTRUISM

Um nachzuhalten, ob man seine selbst gesteckten Konsumdiätziele erreicht hat, muss man derzeit noch selbst Buch führen.[208] Aber das wird sich sehr schnell ändern. Schon jetzt gibt mir mein Auto ein Eco-Rating für meinen Fahrstil. Mein Handy macht mich darauf aufmerksam, dass meine wöchentliche Bildschirmzeit zu hoch ist. Mein Fitness-Tracker achtet darauf, dass ich mich genug bewege. In ähnlicher Weise wird unsere Kreditkartenabrechnung oder die Bezahl-App auf unserem Telefon uns hoffentlich bald sagen können, ob wir unsere guten Konsumvorsätze eingehalten haben. Und wenn wir es dann schwarz auf weiß haben, dass wir unserem eigenen Anspruch gerecht geworden sind, werden wir durch das Erfolgserlebnis belohnt und zu ehrgeizigeren Zielsetzungen motiviert.

Ab dann orientieren wir uns für unser zukünftiges Verhalten an unserem früheren Verhalten in ähnlichen Situationen. Wenn wir zum Beispiel ausnahmsweise einmal mit dem Fahrrad zur Arbeit gefahren sind (und sei es auch nur, weil unser Auto gerade in der Werkstatt war), werden wir von da an für die Fahrt zur Arbeit viel eher das Fahrrad in Erwägung ziehen als vorher. Nicht nur das. Wir werden auch stolz darauf sein, das Fahrrad genommen zu haben, und uns von nun an als jemanden betrachten wollen, der für die Fahrt zur Arbeit »gerne auch mal das Fahrrad nimmt«. In dem Fall ist es also nicht so, dass wir angefangen haben, Fahrrad zu fahren, weil wir Fahrradfahren gut finden, sondern so, dass wir es gut finden, weil wir angefangen haben, es zu tun. Unsere Einstellung folgt oft unserem Verhalten, nicht umgekehrt. Genauso fangen wir an, uns mit fleischarmer Ernährung zu identifizieren, wenn wir ein paar Mal in Folge fleischarm gegessen haben, und sehen uns selbst schon als Minimalisten, wenn es uns ein paar Mal gelingt, der Versuchung zu widerstehen, etwas total Unnötiges zu kaufen. Wir werden unser eigenes Vorbild. »Self herding« nennt man diese Form von Herdentrieb, bei dem man seine eigene Herde ist.[209] Das funktioniert ganz gut.

Oft ist es aber ein noch viel wirkungsvollerer Ansporn, sich nicht nur an seinen eigenen Vorgaben zu messen, sondern sich mit anderen zu vergleichen. Das zeigt das Experiment eines amerikanischen Stromversorgers: Die Firma druckte auf ihre Rechnungen Balkendiagramme, die dem Rechnungsempfänger zeigten, ob sein Stromverbrauch über oder unter dem Durchschnitt der Leute in seiner Straße liegt – verbunden mit kurzen Botschaften wie einem Lob dafür, dass er weniger verbraucht hat als seine Nachbarn, oder Tipps, wie er Strom sparen könne, um seinen Verbrauch dem seiner Nachbarn anzupassen. Mit dieser einfachen Maßnahme konnte der durchschnittliche Stromverbrauch genauso stark gesenkt werden wie mit einer Preiserhöhung um 20 Prozent.[210]

Wir orientieren uns mit unserem eigenen Verhalten an dem Verhalten der anderen und wollen dabei zumindest nicht schlechter dastehen. Wenn wir uns diese Erkenntnis zunutze machen, können wir uns gegenseitig dazu bringen, nicht nur unseren Stromkonsum, sondern unseren Konsum insgesamt zu senken. Wenn man mit anderen gemeinsam Sport macht, strengt man sich ja auch mehr an, als wenn man allein trainiert. Sich freiwillig dem sozialen Druck der Gruppe auszusetzen hilft einem, die eigenen Ziele zu erreichen. Die Weight Watchers würden nicht so heißen, wie sie heißen, wenn sie sich zu Hause allein auf die Waage stellen würden. Stattdessen gehen sie einmal in der Woche zu einem Treffen und lassen sich dort wiegen. Die gegenseitige Kontrolle spornt sie an, ihre Vorsätze in die Tat umzusetzen. Manchmal ist es eben nicht genug, sein eigenes Vorbild zu sein, sich selbst anzufeuern und sich am Ende selbst auf die Schulter zu klopfen.

Auch den Weg zu einem besseren Konsum müssen wir nicht allein gehen. Für unseren Konsumverzicht dürfen wir uns selbstverständlich selbst feiern. Wir sollten uns aber auch feiern lassen. Tu Gutes und rede darüber! Beziehungsweise twittere und poste darüber! Die Likes und die Bestätigung, die man auf Social Media für jeden noch so gedankenlosen Konsum bekommt, dürfen und müssen wir erst recht für unseren bewussten Konsum einfordern. Gönnen wir uns das damit verbundene Dopamin. Wir haben ein Recht, uns für unsere Konsumdisziplin mit der sozialen Anerkennung unserer Umwelt zu belohnen. Diese soziale Anerkennung ist nämlich die Selbstbelohnung, die uns helfen kann, von der Selbstbelohnung durch regelmäßigen Überkonsum loszukommen. Sie ist das Methadon, mit dessen Hilfe wir den Konsumentzug schaffen können.

TEIL IV – SCHLUSS

»Gestern war ich schlau und wollte die Welt ändern.
Heute bin ich weise und ändere mich selbst.«

DSCHALĀL AD-DĪN MUHAMMAD RŪMĪ

DIE BEIDEN SEITEN DER MEDAILLE

Die Globalisierung und die Digitalisierung haben mit ihren im wahrsten Sinne des Wortes grenzenlosen Möglichkeiten die Voraussetzungen dafür geschaffen, dass das Kaufen von Dingen in unserem Leben eine so steile Karriere machen konnte. Vorher war Kaufen nur die Notwendigkeit, sich mit dem zu versorgen, was man brauchte, aber nicht selbst herstellen konnte. Doch inzwischen ist Kaufen »ein Hobby geworden, ein Mittel zur Stimmungsregulation und Selbstoptimierung, manche sagen sogar: eine neue Weltreligion.«[211]

Wir leben in einer Hochkultur des Einkaufens: Durch Shopping belohnen wir uns selbst. Wir verwirklichen uns durch unseren Konsum. Über unsere Kaufentscheidungen drücken wir uns aus. Durch die Dinge, mit denen wir uns umgeben, kommunizieren wir mit unseren Mitmenschen. Es gibt kaum noch eine Freizeitbeschäftigung, die man – allein oder in der Gruppe – macht, die nicht mit Konsum verbunden ist. Es ist der gemeinsam gelebte Konsum, der unsere Gemeinschaft im Kleinen wie im Großen zusammenhält. Der anhaltende soziale Frieden, den wir genießen, beruht allein darauf, dass alle am Massenkonsum teilhaben können.

All das wäre als großer kultureller und sozialer Durchbruch zu feiern, wenn es nicht untrennbar mit moderner Sklaverei und globaler Umweltzerstörung verbunden wäre.

Jede Zeit hat ihre kollektiven Versäumnisse. In der Geschichte der Menschheit kommt es immer wieder vor, dass sich eine gesamte Generation aus dem Zeitgeist heraus zu schwerwiegenden moralischen Verfehlungen hinreißen lässt.

Die Pelzhändler zum Beispiel, die Mitte des 20. Jahrhunderts die Leopardenpopulation der Erde fast vollständig ausgelöscht haben, waren sich dabei wahrscheinlich keiner Schuld bewusst. Sie haben über Artenschutz noch nicht nachgedacht. Wahrscheinlich waren ihre Väter und Großväter auch schon Pelzhändler und sie haben einfach nur ihren Job gemacht.

Und die deutschen Kolonialherren, die im 19. Jahrhundert in den »Schutzgebieten« in Afrika Menschen enteignet und ausgebeutet haben, haben ihre Geschäftspraktiken vermutlich gar nicht infrage gestellt. Schließlich handelten sie mit der offiziellen Zustimmung und Unterstützung der deutschen Regierung und taten ja das Gleiche wie die Briten, Belgier, Franzosen und Amerikaner.

Für spätere Generationen ist es dann vollkommen unbegreiflich, wie man ein so offensichtliches Unrecht nicht erkennen oder die schrecklichen Konsequenzen seines eigenen Handelns verdrängen konnte.

Wir hinterlassen durch unseren exzessiven Konsum unverzeihliche und irreversible Schäden sowohl an den Menschen am anderen Ende der Welt als auch an dem Planeten, auf dem wir leben. *Das* ist die große moralische Verfehlung unserer Generation.

VOTE WITH YOUR DOLLARS

Einige Menschen meinen herausgefunden zu haben, dass eine finstere Weltverschwörung von skrupelloser Großindustrie und korrupter Politik an unserem Überkonsum schuld sei. Und tatsächlich ziehen Unternehmer und Politiker hier an einem Strang. Die Politik drängt uns mit allen ihr zur Verfügung stehenden Mitteln zum Konsum: Regierungen liberalisieren die Wirtschaft, manipulieren die Zinssätze und kürzen Steuern, nur damit wir noch mehr Geld ausgeben. Denn für sie sieht die Welt ganz einfach aus: Unser Konsum ist der Erfolg der Unternehmen. Und erfolgreiche Unternehmen bedeuten Steuereinnahmen und Arbeitsplätze. Also können Politiker nur erfolgreich regieren, wenn wir kräftig konsumieren.

Dass Konsum in unserer Gesellschaft geradezu als Bürgerpflicht betrachtet wird, zeigte sich, als wir während der Coronakrise von zahlreichen Initiativen aufgerufen wurden, trotz aller Hindernisse weiterhin wie gewohnt einzukaufen, um die lokale Handelslandschaft zu stützen. Mangelnder Bedarf oder fehlende Lust wurden als Ausreden nicht anerkannt. Wer nichts brauche und nichts wolle, der solle sich wenigstens einen Gutschein kaufen.

Die deutsche Autoindustrie ist ein hervorragendes Beispiel für die unheilige Allianz von Wirtschaft und Wirtschaftspolitik: Während die Autohersteller uns ein unmoralisches Angebot nach dem anderen machen, schafft die Bundesregierung – durch Subventionen, Abwrackprämie und so weiter – für uns ständig neue Anreize, auf diese unmoralischen Angebote einzugehen.

Aber das macht uns noch lange nicht zu ahnungslosen, unschuldigen

Opfern. »Man kann Menschen nicht nach Belieben manipulieren«, bestätigt selbst der Meister des Manipulierens, der Werbe-Guru Phil Barden. »Man kann uns nur manipulieren, wenn wir manipuliert werden wollen.«[212] Es zwingt uns ja schließlich niemand, immer den neuesten und größten und stärksten SUV zu fahren, den wir uns leisten können. Niemand von uns kann sagen, er hätte nicht gewusst, was das für die Umwelt bedeutet.

Ja, Politik und Industrie *sind* in der Verantwortung, einen Kompromiss zu finden aus Ökonomie und Ökologie, aus freier Marktwirtschaft und sozialer Marktwirtschaft, aus national und global. Sie sind in der Verantwortung, einen Kompromiss zu finden, der für uns als ihre Wähler*innen und Kund*innen akzeptabel ist. Und aus dieser Verantwortung sollten wir sie auf keinen Fall entlassen.

Aber vor allem müssen wir unsere eigene Verantwortung anerkennen. *Wir* sind es, die diese Welt gestalten. Wir gestalten sie nicht nur durch unsere Wahlentscheidung alle vier Jahre. Wir gestalten sie vor allem und viel tiefgehender durch die Kaufentscheidungen, die wir tagtäglich treffen. Durch unseren Konsum kommunizieren wir permanent mit der Industrie und der Politik. Kaufen signalisiert: »Mehr davon!« Nicht kaufen bedeutet: »Weniger davon!« Wenn wir uns zum Beispiel im Supermarkt ein paar Eier kaufen, kaufen wir uns nicht einfach nur ein paar Eier. Ob wir wollen oder nicht, stimmen wir durch unseren Kauf darüber ab, ob Hühner frei oder in Legebatterien gehalten werden sollen. Indem wir etwas weiter links oder rechts ins Eierregal greifen, entscheiden wir mit, ob männliche Küken geschreddert werden oder nicht. Mit jedem Kauf, den wir tätigen, geben wir unsere Stimme ab, für oder gegen Produkte und damit für oder gegen die Werte, die diese Produkte repräsentieren. Und genauso wie bei einer Bundestagswahl die relative Bedeutungslosigkeit unserer Stimme keine Entschuldigung dafür ist, nicht wählen zu gehen, ist die relative Bedeutungslosigkeit unserer Kaufentscheidungen auch keine Entschuldigung dafür, aus Bequemlichkeit weiterhin die falschen Produkte zu kaufen und die falschen Unternehmen zu unterstützen.

Investigative Journalisten und Dokumentarfilmer stoßen – bei ihren Recherchen über eingestürzte Fabrikgebäude, die Sklavenarbeit in der Textilproduktion, die Kinderarbeit bei der Kakaoernte, die Vergiftung von Gewässern durch das Färben von Stoffen, die Brandrodung des Regenwaldes zum Palmölanbau, Gesundheitsschäden durch Pestizide auf Baumwolle, die Enteignung von Grundwasser und so weiter – immer wieder auf dieselben Unternehmen. Immer wieder können dieselben großen Fast-Fashion-Ketten, dieselben großen Sportausrüster und dieselben großen Lebensmittelkonzerne in einen nachweislichen Zusammenhang gebracht werden mit der skrupellosen Ausbeutung von Menschen und Natur. Die Namen dieser Unternehmen werden in Zeitungsartikeln, Fernsehreportagen, Dokumentarfilmen, Blogbeiträgen und Radiosendungen genannt.

Warum kaufen wir diese Marken trotzdem immer weiter? Weil wir dem Schnäppchen einfach nicht widerstehen können? Weil alle es tun? Weil diese Marken hier bei uns *sooo* sympathisch rüberkommen, dass wir uns gar nicht vorstellen können, dass sie am anderen Ende der Welt so schlimme Sachen machen? Weil ihre Produkte uns auf Schritt und Tritt angeboten werden?

Das sind zu schwache Entschuldigungen. Wenn wir wollen, dass sich etwas ändert, müssen wir konsequenter darin sein, diese Firmen zu boykottieren. Wir sollten bereit sein, ein paar Schritte mehr zu machen und ein paar Cent mehr auszugeben, um die nachhaltigere und fairere Alternative zu kaufen, auch wenn das immer schwieriger wird. In manchen Fällen existiert nämlich eine nachhaltig produzierte und fair gehandelte Alternative schon fast gar nicht mehr. Es gibt ganze Warengruppen, in denen das unmoralische Angebot der großen Oligopolisten schon so alternativlos geworden ist, dass ein ethisch vertretbarer Konsum kaum noch möglich ist. Bei Sneakern zum Beispiel liegt in den USA der Marktanteil von Nike bei über 60 Prozent, und den Rest teilen sich Adidas und Under Armour mit je ungefähr 20 Prozent.[213]

WHEN THE SHIT HITS THE FAN

Kinderpornografie darf bei uns nicht verkauft werden. Auch dann nicht, wenn sie in einem Land hergestellt wurde, in dem Kinderpornografie nicht verfolgt wird. *Unser* Rechtsverständnis ist also entscheidend dafür, ob ein Produkt bei uns verkauft werden darf, nicht das Rechtsverständnis in seinem Herkunftsland. Deshalb erwarten wir völlig zu Recht, dass Produkte, die mit Sklaven- und Kinderarbeit hergestellt wurden oder bei deren Herstellung giftige Abwässer ungefiltert in die Flüsse geleitet wurden, bei uns gar nicht erst angeboten werden dürfen. Wir wollen uns darauf verlassen können, dass es bei der Herstellung der Dinge, die wir kaufen, mit rechten Dingen zugegangen ist. Können wir aber nicht. Im Gegenteil: Deutschland ist der drittgrößte Importeur von mit Sklavenarbeit hergestellten Gütern der Welt.[214] Es gibt bei uns ganze Fußgängerzonen und ganze Shopping Malls, in denen wahrscheinlich kein einziges fair gehandeltes und nachhaltig hergestelltes Produkt angeboten wird.

Eigentlich müsste uns das inzwischen klar sein. Wir verdrängen es aber. Wir kaufen einfach weiter all diese Produkte und reden uns ein, dass irgendwer das bestimmt irgendwo kontrolliert hat. Wenn die Produktionsbedingungen wirklich so schlimm wären – so glauben wir, weil wir es glauben wollen –, würde das ja irgendjemand verbieten.

Bislang gibt es aber in Deutschland nichts und niemanden, der solche Produkte verbietet. Bei den meisten Importprodukten schaut die Politik lieber weg.[215] Sie will die Produktionsbedingungen im Ausland gar nicht kontrollieren. Und sie entlässt auch die im Ausland produzierenden Unternehmen aus der Verantwortung, die Produktionsbedingungen vor Ort selbst zu kontrollieren. So wollte und konnte zum Beispiel das Landgericht Dortmund Anfang 2019 den Textil-Discounter KiK nicht für den verheerenden Brand in seinem Zulieferbetrieb in Pakistan zur Verantwortung ziehen. Dort waren 258 Menschen ums Leben gekommen, weil KiK seine Pflicht zur Kontrolle der vorgegebenen Brandschutzstandards vernachlässigt hatte.[216]

Da Exekutive, Legislative und Judikative sich also offenbar darauf geeinigt haben, hier systematisch wegzuschauen, wäre es eigentlich an der Presse, ihrer traditionellen Aufgabe als *Vierter Gewalt* nachzukommen. Eigentlich wären die öffentlichen Medien in der Verantwortung, solche staatlich geduldeten oder sogar protegierten Missstände aufzudecken und anzuprangern. Eigentlich. Tatsächlich sind aber für viele Medien inzwischen oft genau die Konzerne, um die es dabei gehen müsste, wichtige Anzeigenkunden. Und da Journalismus heute mehr denn je auf Werbeeinnahmen angewiesen ist, berichtet man eben einfach über etwas anderes. Themen gibt es ja genug.

So werden die Unternehmen am Ende gar nicht kontrolliert. Es gibt niemanden, der nachhält, ob bei der Herstellung der Waren, die bei uns verkauft werden, irgendwelche ökologischen oder humanitären Mindeststandards eingehalten werden.

Dass wir auf eine freiwillige Selbstkontrolle der Industrie schon gar nicht hoffen können, machen die nicht enden wollenden Umweltskandale und die anhaltenden Arbeitsrechts- und Menschenrechtsverletzungen in den Produktionen sehr deutlich. So ist zum Beispiel der Anteil von Biobaumwolle am Weltmarkt in den letzten Jahren sogar noch zurückgegangen – von einem Prozent auf 0,6 Prozent. Und der Preis, den die führenden Unternehmen ihren Produzenten in Bangladesch bezahlen, ist seit dem Rana-Plaza-Unglück nicht etwa gestiegen, sondern tatsächlich noch um 13 Prozent gesunken.[217]

Solche Erfahrungen zeigen, dass die Industrie kein Gewissen hat. »Die Industrie« verhält sich nicht moralisch. Sie verhält sich auch nicht unmoralisch. Sie verhält sich amoralisch. Ethisch akzeptables Verhalten ist für sie keine Frage der Überzeugung, sondern des Risiko-Managements. In der Geschichte des Kapitalismus haben Unternehmen nur selten eine ökologische oder humanitäre Schweinerei beendet, weil sie eingesehen haben, dass sie unrecht ist. Sie ändern ihr Geschäftsgebaren meist erst dann, wenn sie durch einen Skandal mehr Geld verlieren, als sie durch die ursächliche Schweinerei einsparen können.

Also müssen wir dafür sorgen, dass es genau so kommt.

Die Digitalisierung hat uns neue und machtvolle Mittel an die Hand gegeben, die uns helfen können, die Industrie zur Einhaltung ethischer Mindeststandards zu bewegen. Social Media erweist sich hier als Fluch und Segen zugleich. Denn als Teil von sozialen Netzwerken kämpft der Einzelne – auch wenn er gegen die skrupellosen Machenschaften gigantischer Unternehmen kämpft – nicht mehr auf verlorenem Posten. So wie beim Schmetterlingseffekt der Flügelschlag eines Schmetterlings in Brasilien einen Tornado in Texas auslösen kann, so kann auf Social Media ein einzelner Tweet einen Shitstorm auslösen, der selbst Politiker und Konzernsprecher in weniger als vierundzwanzig Stunden zum Einlenken zwingt. Im Netz kann sich die Empörung über moralische Fehltritte von Unternehmen viral verbreiten und verstärken. Auf Facebook kann sich Protest innerhalb kürzester Zeit formieren und als Protestmarsch auf die Straße ergießen. Der Boykott Einzelner kann zu einem Massenboykott eskalieren, der selbst für börsennotierte Unternehmen existenzbedrohend wird. Die Heftigkeit und Unkontrollierbarkeit dieser Kettenreaktionen macht sie unheimlich, nicht nur für uns, sondern vor allem für die Unternehmen. Und das ist sehr gut so.

Da Wirtschaftsunternehmen in einem entfesselten Kapitalismus offenbar keine ethische Selbstkontrolle mehr haben, brauchen sie die Drohkulisse eines potenziellen Shitstorms, um sich ethisch korrekt zu verhalten. Die sozialen Medien sind die neue *Vierte Gewalt*. Die kollektive Empörung im Netz ist das letzte verbliebene Mittel, um ein Wirtschaftssystem einzunorden, das seinen eigenen moralischen Kompass verloren hat. Wenn wir nicht wollen, dass reiche Unternehmen weiterhin Menschen unter unwürdigen und lebensgefährlichen Bedingungen für sich arbeiten lassen und die Luft, das Wasser und die

Erde unseres Planeten für Generationen verschmutzen, um ein paar Prozent Kosten zu sparen, dann müssen wir diese Missstände im Netz anprangern und die Informationen darüber in unseren Netzwerken verbreiten, so oft und so deutlich wie möglich.

GOOD IS THE NEW BLACK

»Bei dem SUV in der Auffahrt geht es nur zum Teil um die Notwendigkeit der Fortbewegung. Das ›Konzept‹, das man damit erwirbt, ist das des sozialen Status«, analysiert Phil Barden. »Man könnte sagen, dass wir ein physisches Objekt X in ein geistiges Konzept Y verwandeln, in diesem Fall den SUV in das Konzept Status.«[218]

Genauso geht es »nur zum Teil um die Notwendigkeit der Fortbewegung«, wenn wir auf Instagram ein durchs Flugzeugfenster fotografiertes Bild vom Sonnenaufgang mit der Unterschrift *»#offtowork #airport #lovemyjob #earlybird #berlin #munich«* posten. Was wir der Welt nämlich eigentlich mit diesem Post zu verstehen geben, ist, dass wir heute nach München und übermorgen nach Hamburg müssen, weil es in ganz Deutschland nur eine Handvoll Leute gibt, die das machen kann, was wir machen können. Auch hier verwandeln wir also ein physisches Erlebnis X in ein geistiges Konzept Y. »Dutzende Studien haben aufgezeigt, auf wie vielfältige Art solche Konzepte den Konsum der Menschen beeinflussen können«, führt Barden weiter aus.

Eine solche Studie haben die Sozialpsychologen van den Bergh, Griskevicius und Tybur durchgeführt: Sie stellten ihre Probanden vor die Wahl zwischen einem Produkt und seinem umweltfreundlichen Äquivalent. So sollten sich die Versuchsteilnehmer zum Beispiel zwischen einem Luxusauto mit Ledersitzen, teurer Musikanlage und so weiter und einem gleich teuren umweltfreundlichen Auto vom selben Hersteller entscheiden. Die Ergebnisse der Versuchsreihe, die unter dem sprechenden Titel »Going green to be seen« veröffentlicht wurden, zeigen, dass die Versuchsteilnehmer sich nur dann für die weniger protzige, aber dafür ökologischere Variante entschieden, wenn ihnen andere Menschen bei ihrer Entscheidung zusahen und wenn es den Versuchsleitern gelang, sie davon zu überzeugen, dass das eigentlich weniger prestigeträchtige Energiesparmodell das ultimative Statussymbol sei, weil man damit – im Gegensatz zu dem anderen Auto in derselben Preisklasse – seiner Umwelt nicht nur zeigt, dass man sich ein solches Auto leisten kann, sondern auch, dass man bereit ist, zum Wohl der Umwelt auf Bequemlichkeit zu verzichten. Auch bei anderen Produkten entschieden sich die Menschen meist nur dann für die nachhaltigere Variante, wenn sie sich davon die größere soziale Anerkennung versprachen.[219]

Das ist normal. Es ist nur natürlich, dass unser Konsumverhalten davon beeinflusst wird, wie es von anderen bewertet wird. Deshalb werden wir auch in der Masse erst dann anders konsumieren, wenn wir unseren Konsum in der Masse anders bewerten. Solange ein Flug noch ein höheres Prestige hat als eine Bahnfahrt, werden wir für eine Reise von Berlin nach München (statt des unterm Strich schnelleren Zugs) auch weiterhin das Flugzeug nehmen. Und wir werden erst dann aufhören, uns immer größere SUVs zu kaufen, wenn wir aufhören, uns gegenseitig dafür zu bewundern. Die physischen Objekte und Erlebnisse sind, was sie sind. Aber die geistigen Konzepte dahinter können wir ändern. Unsere Einstellung entscheidet darüber, ob rücksichtsloser Konsum sexy ist oder ob nachhaltiger Konsum sexy ist.

Auf den Social-Media-Plattformen können wir uns gegenseitig einen anderen Konsum vorleben als bisher, einen besseren. Flight Shaming und Train Bragging sind schon mal ein Anfang. Man sollte mit seinem vorbildlichen Konsum auch Vorbild sein. Denn nur so führt der gute Konsum zum immer besseren Konsum.

Nichts hat derzeit eine solche Macht, unsere Einstellung zu beeinflussen wie die sozialen Medien. Kein anderes Medium hat das Potenzial, Dinge innerhalb kürzester Zeit in unserer Wahrnehmung komplett umzubewerten. Was gestern richtig war, kann heute falsch sein und umgekehrt. Manches, was gestern bewundert wurde, wird – durch den Einfluss von Social Media – heute geächtet.

Pelz zum Beispiel: Pelz war nicht irgendein Statussymbol, er war immer *das* Statussymbol schlechthin. Von den Hermelinmänteln der Kaiser und Könige bis zu den Nerzmänteln reicher Ehegattinnen – ein Pelz war die ultimative Trophäe des sozialen Aufstiegs. Seit Menschengedenken. Aber jetzt, nur ein paar blutige Facebook-Videos später, kann man sich mit einem Pelzmantel kaum noch auf die Straße trauen.

Das sind die Macht und die Dynamik von Social Media. Durch die viralen Bilder auf Facebook und Instagram können wir innerhalb kürzester Zeit kollektiv umgepolt werden. So zum Beispiel auch in Bezug auf Daunen: Dieselben Modemarken, die noch vor ein paar Jahren damit geworben haben, dass ihre Winterjacken mit echten Daunen gefüllt sind, werben jetzt damit, dass es in ihren Winterjacken *keine* echten Daunen mehr gibt.

Solche Beispiele zeigen: Wir können dieselben viralen Kräfte, die unseren Konsum ad absurdum geführt haben, dazu nutzen, unseren Konsum zu verbessern – sowohl unseren eigenen als auch den der anderen.

Die Menschen konsumieren zunehmend das, was im Netz gut ankommt, und hören auf, das zu konsumieren, was im Netz geächtet wird. Das heißt: Durch unsere Likes können wir mitbestimmen, wie der Konsum der Zukunft aussehen soll. Dank Smartphones liegt es im wahrsten Sinne in unserer Hand. So wie wir an einigen Stellen bereits Grausamkeiten gegen Tiere ächten, könnten wir in Zukunft auch Grausamkeiten gegen Menschen ächten. *Wir* bestimmen, ob es auch weiterhin cool ist, ein Schnäppchen zu machen, oder ob es cooler ist, Produkte zu kaufen, die fair gehandelt wurden. Und unsere Haltung entscheidet darüber, ob der Ugly Christmas Sweater tatsächlich so witzig ist und ob das fünfzigste Paar Sneaker in der Sammlung immer noch ein Grund ist, stolz zu sein. Es ist an jedem Einzelnen von uns, dafür zu sorgen, dass in Zukunft der gute, der ethische Konsum das ultimative Statussymbol sein wird.

ANMERKUNGEN

1 Nitsche, Nicole; Thalhammer, Kilian: Infografik »Die wertvollsten Unternehmen (1990–2018)«, in: Payment & Banking (Online), 15.10.2018, https://paymentandbanking.com/die-wertvollsten-unternehmen-1990-2018/, (29.11.2019)

2 Amed, Imran; Balchandani, Anita; Beltrami, Marco; Berg, Achim; Hedrich, Saskia; Rölkens, Felix: »The State Of Fashion 2019: A Year of Awakening«, in: McKinsey & Company (Online), 20.09.2018, https://www.mckinsey.com/industries/retail/our-insights/the-state-of-fashion-2019-a-year-of-awakening, (29.11.2019)

3 Vgl. Lieberich, Sylvia; Pfaff, Isabel: »Gigant der Skandale«, in: Süddeutsche Zeitung (Online), 06.06.2019, https://www.sueddeutsche.de/politik/nestle-gigant-der-skandale-1.4477635, (07.12.2019)

4 Anderson, Sarah; Cavanagh, John: »Top 200: The Rise Of Global Corporate Power«, in: Institute for Policy Studies (Online), 04.12.2000, https://ips-dc.org/top_200_the_rise_of_corporate_global_power/, (29.11.2019)

5 Inman, Phillip: »Study: big corporations dominate list of world's top economic entities«, in: The Guardian (Online), 12.09.2016, https://www.theguardian.com/business/2016/sep/12/global-justice-now-study-multinational-businesses-walmart-apple-shell, (29.11.2019)

6 Dialego-Studie: »Rückkehr Tante-Emma-Läden«, in Dialego (Online), August 2011, https://web.dialego.de/wp-content/uploads/2016/03/Tante-Emma-Laeden_01.pdf, (29.11.2019)

7 Stephens, Doug: »A New Era of Retail Is Coming«, in: The Business of Fashion (Online), 27.11.2017, https://www.businessoffashion.com/articles/opinion/why-mass-merchants-are-toxic-and-a-new-era-of-retail-is-coming, (29.11.2019)

8 Vgl. Pandey, Erica: »Survival of the biggest: Coronavirus transforms retail«, in: Axios (Online), 12.04.2020, https://www.axios.com/coronavirus-retail-survival-biggest-57470685-8e6a-4454-8149-94d5e2eb5cae.html, (19.06.2020)

9 Frank, Joachim: »Richard David Precht über Trump und Macron: ›Einfach nur furchtbar‹«, in: Frankfurter Rundschau (Online), 27.04.2020, https://www.fr.de/kultur/gesellschaft/corona-richard-david-precht-philosoph-autor-wer-bin-ich-wenn-ja-wie-viele-13683961.html, (05.06.2020)

10 Vgl. »Fashion 2025 – Studie zur Zukunft des Fashion-Markts in Deutschland«, in: KPMG (Online), 2015, S. 19, 74, https://home.kpmg/content/dam/kpmg/pdf/2015/12/fashion-studie-dez-2015.pdf, (17.06.2020)

11 Minhaj, Hasan: »Patriot Act, Staffel 5, Folge 3, The Ugly Truth Of Fast Fashion«, in: Netflix (Online), 24.11.2019, https://www.netflix.com/watch/80991192, (01.01.2020)

12 Müller, Jürgen: »Wie war's? Wie wird's?«, in: Profashionals (Online), 10.01.2020, https://profashionals.de/2020/01/10/wie-wars-wie-wirds/, (10.01.2020)

13 »Mindestlohn in der Textil- und Bekleidungsindustrie«, in Mindestlohn.org (Online), http://www.mindest-lohn.org/branchen/textil-bekleidungs-industrie.html, (29.11.2019), und Emran, S. Nayeem; Kyriacou, Joy: What She Makes, Power And Poverty In The Fashion Industry, Oktober 2017, in: Oxfam (Online), https://whatshemakes.oxfam.org.au/wp-content/uploads/2017/10/Living-Wage-Media-Report_WEB.pdf, (29.11.2019)

14 Uchatius, Wolfgang: »Das Welthemd«, in: Zeit (Online), 16.12.2010, https://www.zeit.de/2010/51/Billige-T-Shirts, (29.11.2019)

15 Vgl. Edwards, Remi; Hunt, Tom; LeBaron, Genevieve: »Corporate Commitments to Living Wages in the Garment Industry«, in: Sheffield Political Economy Research Institute (Online), Mai 2019, http://speri.dept.shef.ac.uk/wp-content/uploads/2019/05/Corporate-Commitments-to-Living-Wages-in-the-Garment-Industry-SPERI-report.pdf, (29.11.2019)

16 Vgl. Hodal, Kate: »Revealed: women making clothes for west face sexual abuse«, in: The Guardian (Online), 07.04.2019 https://www.theguardian.com/global-development/2019/apr/07/violence-sexual-abuse-vietnam-garment-factory, (29.11.2019)

17 Kent, Sarah: »Why Fashion Doesn't Pay Fair«, in: The Business of Fashion (Online), 02.05.2019, https://www.businessoffashion.com/articles/news-analysis/why-fashion-doesnt-pay-fair, (29.11.2019)

18 Kent, Sarah: »UK Takes Aim at Fashion's Sustainability Problem«, in: The Business of Fashion (Online), 19.02.2019, https://www.businessoffashion.com/articles/news-analysis/uk-takes-aim-at-fashions-sustainability-problem, (29.11.2019)

19 »Militärpolizei in Kambodscha erschießt Demonstranten«, in: Reuters (Online), 03.01.2014, https://de.reuters.com/article/kambodscha-proteste2-idDEBEEA0200Z20140103, (29.11.2019)

20 »Viele Verletzte bei Angriff auf Streikende in Textilfabrik«, in: Zeit (Online), 16.10.2018, https://www.zeit.de/gesellschaft/zeitgeschehen/2018-10/myanmar-rangun-textilfabrik-verletzte-streik-wiedereinstellung, (29.11.2019)

21 »Fairer Handel in Deutschland«, in: EHI Handelsdaten, https://www.handelsdaten.de/handelsthemen/fairer-handel, (29.11.2019)

22 Emran, S. Nayeem; Kyriacou, Joy: »What She Makes, Power And Poverty In The Fashion Industry«, Oktober 2017, «, in: Oxfam (Online), https://whatshemakes.oxfam.org.au/wp-content/uploads/2017/10/Living-Wage-Media-Report_WEB.pdf, (29.11.2019)

23 Kent, Sarah: »Why Fashion Doesn't Pay Fair«, in: The Business of Fashion (Online), 02.05.2019, https://www.businessoffashion.com/articles/news-analysis/why-fashion-doesnt-pay-fair, (29.11.2019)

24 Edwards, Remi; Hunt, Tom; LeBaron, Genevieve: »Corporate Commitments to Living Wages in the Garment Industry«, in: Sheffield Political Economy Research Institute (Online), Mai 2019, http://speri.dept.shef.ac.uk/wp-content/uploads/2019/05/Corporate-Commitments-to-Living-Wages-in-the-Garment-Industry-SPERI-report.pdf, (29.11.2019)

25 Kent, Sarah: »Why Fashion Doesn't Pay Fair«, in: The Business of Fashion (Online), 02.05.2019, https://www.businessoffashion.com/articles/news-analysis/why-fashion-doesnt-pay-fair, (29.11.2019)

26 Ebd.

27 dpa: »Textilindustrie: Lieferketten-Gesetz gefährdet Existenz von Firmen«, in: Fashion Network (Online), 18.04.2019, https://de.fashionnetwork.com/news/Textilindustrie-lieferketten-gesetz-gefaehrdet-existenz-von-firmen,1090747.html#.XMXGgSL5zGL, (29.11.2019)

28 Emran, S. Nayeem; Kyriacou, Joy: »What She Makes, Power And Poverty In The Fashion Industry«, Oktober 2017, in: Oxfam (Online), https://whatshemakes.oxfam.org.au/wp-content/uploads/2017/10/Living-Wage-Media-Report_WEB.pdf, (29.11.2019)

29 Jha, Nishita: »Zara's Billionaire Owner Was Praised For Helping In The Coronavirus Crisis. Workers In Myanmar Paid The Price.«, 14.05.2020, in: BuzzFeedNews (Online), https://www.buzzfeednews.com/article/nishita-jha/coronavirus-zara-spain-inditex-myanmar, (03.06.2020)

30 Neuhaus, Carla: »Luxusmarken sind nicht fairer als Primark«, in: Tagesspiegel (Online), 06.07.2014, https://www.tagesspiegel.de/wirtschaft/prekaere-arbeitsbedingungen-luxusmarken-sind-nicht-fairer-als-primark/10157306.html, (12.12.2019)

31 Preuss, Simone: »Ausbeutung in Europa: Menschenrechtsverstöße in der Produktion für deutsche Modemarken«, in: FashionUnited (Online), 28.04.2020: https://fashionunited.de/nachrichten/business/studie-ausbeutung-in-europa-menschenrechtsverstoesse-in-der-produktion-fuer-deutsche-modemarken/2020042835423, (04.06.2020)

32 Max, D. T.: »The Chinese Workers Who Assemble Designer Bags in Tuscany«, in: The New Yorker (Online), 09.04.2018, https://www.newyorker.com/magazine/2018/04/16/the-chinese-workers-who-assemble-designer-bags-in-tuscany, (29.11.2019)

33 Emran, S. Nayeem; Kyriacou, Joy: »What She Makes, Power And Poverty In The Fashion Industry«, Oktober 2017, in: Oxfam (Online), https://whatshemakes.oxfam.org.au/wp-content/uploads/2017/10/Living-Wage-Media-Report_WEB.pdf, (29.11.2019)

34 Hodal, Kate: »Revealed: women making clothes for west face sexual abuse«, in: The Guardian (Online), 07.04.2019 https://www.theguardian.com/global-development/2019/apr/07/violence-sexual-abuse-vietnam-garment-factory, (29.11.2019)

35 Emran, S. Nayeem; Kyriacou, Joy: »What She Makes, Power And Poverty In The Fashion Industry«, Oktober 2017, in: Oxfam (Online), https://whatshemakes.oxfam.org.au/wp-content/uploads/2017/10/Living-Wage-Media-Report_WEB.pdf, (29.11.2019)

36 »Fairtrade-Umsatz steigt auf 1,6 Milliarden«, in: Fairtrade Deutschland (Online), 14.05.2019, https://www.fairtrade-deutschland.de/service/presse/details/fairtrade-umsatz-steigt-auf-16-milliarden-3230.html, (15.12.2019) und Rudnicka, J.: Höhe der Konsumausgaben privater Haushalte in Deutschland von 1991 bis 2018, in: Statista (Online), 22.11.2019, https://de.statista.com/statistik/daten/studie/155148/umfrage/private-konsumausgaben-in-deutschland-zeitreihe/, (15.12.2019)

37 Leonard, Matt: »Textile waste has increased 811% since 1960«, in: SupplychainDive (Online), 23.07.2019: https://www.supplychaindive.com/news/textile-waste-increased-811-since-1960/559297/, (01.12.2019)

38 Thomas, Dana: »The High Price of Fast Fashion«, in: The Wall Street Journal (Online), 29.08.2019, https://www.wsj.com/articles/the-high-price-of-fast-fashion-11567096637, (29.11.2019)

39 »A new textile economy: redesigning fashion's future«, in: Ellen McArthur Foundation (Online), 2017, https://www.ellenmacarthurfoundation.org/assets/downloads/publications/A-New-Textiles-Economy_Full-Report_Updated_1-12-17.pdf, S. 18, (16.12.2019)

40 Wilde, Oscar: »The picture of Dorian Gray«, Juli 1890, in: Shmoop (Online), 2019, https://www.shmoop.com/picture-dorian-gray/chapter-4-full-text-2.html, (16.12.2019)

41 Oliver, John: »Fashion«, in: Last Week Tonight (Online), 26.04.2015, https://www.youtube.com/watch?v=VdLf4fihP78, (29.11.2019)

42 »Mindestlohn in der Textil- und Bekleidungsindustrie«, in Mindestlohn.org (Online), http://www.mindest-lohn.org/branchen/textil-bekleidungsindustrie.html, (29.11.2019)

43 Emran, S. Nayeem; Kyriacou, Joy: »What She Makes, Power And Poverty In The Fashion Industry«, Oktober 2017, in: Oxfam (Online), https://whatshemakes.oxfam.org.au/wp-content/uploads/2017/10/Living-Wage-Media-Report_WEB.pdf, (29.11.2019)

44 Barden, Phil: *Decoded*, 3. Auflage, Chichester: John Wiley & Sons, 2013, S. 45

45 Ariely, Dan: *Predictably Irrational*, überarbeitete und erweiterte Ausgabe, New York: HarperCollins, 2009, S. 236–239, deutsche Ausgabe: *Denken hilft zwar, nützt aber nichts*, Droemer Knaur, München 2015

46 Wichert, Silke: »Im Kaufrausch«, in: SZ-Magazin (Online), 11.09.2016, https://sz-magazin.sueddeutsche.de/gesellschaft-leben/im-kaufrausch-82809, (16.12.2019)

47 Pristl, Karl; Lauer, Thomas; Eisenreich, Dirk: »Im Wandel der Zeit: Preise, Verdienste und Konsum«, in: Statistisches Monatsheft Baden-Württemberg 4/2012 (Online), April 2014, https://www.statistik-bw.de/Service/Veroeff/Monatshefte/PDF/Beitrag12_04_15.pdf, (29.11.2019)

48 In: Wikipedia (Online), https://de.wikipedia.org/wiki/Klamotte, (16.12.2019)

49 Pepels, Werner: »Pricing leicht gemacht: höhere Gewinne durch optimale Preisgestaltung«, Heidelberg: Redline Wirtschaft, 2006, S. 50–51

50 Trommsdorff, Volker: *Konsumentenverhalten*, 7., vollständig überarbeitete und erweiterte Auflage, Stuttgart, W. Kohlhammer, 1989, S. 115/116

51 Hielscher, Henryk: »Warum ein deutscher Modehändler nach dem anderen taumelt«, in: WirtschaftsWoche (Online), 05.10.2018, https://www.wiwo.de/unternehmen/handel/gerry-weber-und-co-warum-ein-deutscher-modehaendler-nach-dem-anderen-taumelt/23149390.html, 17.12.2019

52 Lobaugh, Kasey; Bieniek, Christina; Stephens, Bobby; Pincha, Preeti: »The great retail bifurcation«, in: Deloitte.com (Online), 10.08.2018, https://www2.deloitte.com/content/dam/insights/us/articles/4365_The-great-retail-bifurcation/DI_The-great-retail-bifurcation.pdf, (01.06.2020)

53 Knutson, Brian; Rick, Scott; Wimmer, G. Elliott; Prelec, Drazen; Loewenstein, George: »Neural predictors of purchases«, in: US National Library of Medicine, National Institutes of Health (Online), 04.01.2007, https://www.ncbi.nlm.nih.gov/pmc/articles/PMC1876732/, (17.12.2019)

54 Max, D. T.: »The Chinese Workers Who Assemble Designer Bags in Tuscany«, in: The New Yorker (Online), 09.04.2018, https://www.newyorker.com/magazine/2018/04/16/the-chinese-workers-who-assemble-designer-bags-in-tuscany, (29.11.2019)

55 *Predictably Irrational*, überarbeitete und erweiterte Ausgabe, New York: HarperCollins, 2009, S. 17, deutsche Ausgabe: *Denken hilft zwar, nützt aber nichts*, Droemer Knaur, München 2015

56 Diekmann, Florian: »Ungleichheit bei Einkommen nimmt wieder deutlich zu«, in: Spiegel (Online), 07.10.2019, https://www.spiegel.de/wirtschaft/soziales/ungleichheit-bei-einkommen-nimmt-wieder-deutlich-zu-wsi-studie-a-1289678.html, (10.01.2019)

57 Vgl. Kessen, Peter: »Der Kunde, das bekannte unbekannte Wesen«, in: Deutschlandfunk Kultur (Online), 16.06.2015, https://www.deutschlandfunkkultur.de/marktforschung-der-kunde-das-bekannte-unbekannte-wesen.976.de.html?dram:article_id=322695, (18.12.2019)

58 Vgl. Alter, Adam: »Unwiderstehlich«, München: Berlin Verlag, 2018, S. 14, 76–77

59 Ebd.

60 Maté, Gabor: »Do we need to rethink addiction?« in: YouTube (Online), 21.11.2019, https://www.youtube.com/watch?v=tI104at2iqs, (09.12.2019)

61 Vgl. Riedl, Ann-Kathrin: »Li Edelkoort: Die berühmteste Trendforscherin der Welt teilt ihre Gedanken und Prognosen zur Coronakrise«, in: Vogue.de (Online), 24.03.2020, https://www.vogue.de/mode/artikel/li-edelkoort-prognosen-zur-coronakrise, (06.06.2020)

62 Preuss, Simone: »Hermès Flagshipstore in Guangzhou nimmt an einem Samstag 2,47 Millionen Euro ein«, in: FashionUnited (Online), 14.04.2020, https://fashionunited.de/nachrichten/einzelhandel/hermes-flagshipstore-in-guangzhou-nimmt-an-einem-samstag-2-47-millionen-euro-ein/2020041435231, (06.06.2020)

63 »Coronavirus: Next website halts orders hours after reopening«, in: BBC News (Online), 14.04.2020, https://www.bbc.com/news/business-52276149, (06.06.2020)

64 »Millennials und der stationäre Handel – Eine gute Verbindung«, in: Consors Finanz (Online), 2018, https://studien.consorsfinanz.de/Konsumbarometer-2018/Millennials-und-der-stationaere-Handel_-Eine-gute-Verbindung/Ein-Hoch-auf-die-Geschaefte/index.html, (01.12.2019)

65 Vgl. Alter, Adam: *Unwiderstehlich*, München: Berlin Verlag, 2018, S. 76–77

66 Vgl. Oberhuber, Nadine: »Unser absurder Konsum«, in: Zeit (Online), 12.07.2016, https://www.zeit.de/wirtschaft/2016-07/zufriedenheit-konsum-sharing-hartmut-rosa, (30.11.2019)

67 Vgl. Kelly, Kevin: »Better Than Owning«, in: KK* (Online), 21.01.2009, https://kk.org/thetechnium/better-than-own/, (30.11.2019)

68 Müller, Jürgen: »Wir müssen Windmühlen bauen«, in: Profashionals (Online), 27.06.2019. https://profashionals.de/2019/06/27/wir-muessen-windmuehlen-bauen/, (30.11.2019)

69 Ebd.

70 Vgl. Maheshwari, Sapna: »They See It. They Like It. They Want It. They Rent It.«, in: The New York Times (Online), 08.06.2019, https://www.nytimes.com/2019/06/08/style/rent-subscription-clothing-furniture.html, (30.11.2019)

71 Vgl. Oberhuber, Nadine: »Unser absurder Konsum«, in: Zeit (Online), 12.07.2016, https://www.zeit.de/wirtschaft/2016-07/zufriedenheit-konsum-sharing-hartmut-rosa, (30.11.2019)

72 Tatje, Claas: »Zukunft war gestern«, in: Zeit (Online), 17.12.2019, https://www.zeit.de/2019/53/bmw-oliver-zipse-autobau-mobilitaet-e-auto-car-sharing, (30.12.2019)

73 Morantz, Alan: »Green Marketers: Don't Take That Guilt Trip«, in: Smith Business Insight, 20.06.2014, https://smith.queensu.ca/insight/content/green-marketers-dont-take-that-guilt-trip.php, (30.11.2019)

74 »Umsatz und Marktanteil von Bekleidung und Schuhen (GOTS)«, in: Umweltbundesamt (Online), https://www.umweltbundesamt.de/bild/umsatz-marktanteil-von-bekleidung-schuhen-gots, (01.12.2019)

75 »Marktdaten: Bereich Ernährung«, in: Umweltbundesamt (Online), 19.12.2018, https://www.umweltbundesamt.de/daten/private-haushalte-konsum/konsum-produkte/gruene-produkte-marktzahlen/marktdaten-bereich-ernaehrung#textpart-1, (01.12.2019)

76 Zaczkiewicz, Arthur: »When It Comes to Millennials' Fashion Buys, Price and Convenience Trump Sustainability«, in: WWD (Online), 13.02.2018, https://wwd.com/business-news/business-features/millennials-fashion-lim-college-1202559435/, (30.11.2019)

77 Ertelt, Dr. Ulla: »HML-Modemarketing«, Marktanalyse A/W 17/18, Januar 2018

78 Vgl. Wicker, Alden: »Will Shoppers Ever Really Care About Sustainability?«, in: Racked (Online), 23.05.2018, https://www.racked.com/2018/5/23/17377372/sustainable-clothes-marketing, (30.11.2019)

79 Timsit, Annabelle: »Black Friday's environmental cost is sparking worldwide protests«, in: Quartz (Online), 29.11.2019, https://qz.com/1758551/black-fridays-environmental-cost-leads-to-worldwide-protests/, (03.12.2019)

80 Sherman, Alex: »Black Friday shoppers spend record $7.4 billion in second largest online sales day ever«, in: CBNC (Online), 30.11.2019, https://www.cnbc.com/2019/11/30/black-friday-shoppers-spend-record-7point4-billion.html, (03.12.2019)

81 Gall, Insa: »Wie kann ich die Welt verbessern?«, in: Hamburger Abendblatt (Online), 17.08.2018, https://www.abendblatt.de/podcast/100_Fragen/article215112609/Wie-kann-ich-die-Welt-noch-schnell-verbessern.html, (30.11.2019)

82 In: Public Eye (Online), https://www.publiceye.ch/de/themen/mode/gesundheit-sicherheit-arbeitsplatz/bangladesch/rana-plaza (03.12.2019)

83 In: Statista (Online), https://de.statista.com/statistik/daten/studie/251521/umfrage/umsatz-von-primark/, (30.11.2019)

84 Vgl. Barden, Phil: *Decoded*, 3. Auflage, Chichester: John Wiley & Sons, 2013, S. 120

85 Walker Reczek, Rebecca; Irwin, Julie R.; Zane, Daniel M.; Ehrich, Kristine R.: »That's Not How I Remember It: Willfully Ignorant Memory for Ethical Product Attribute Information«, in: Journal of Consumer Research, Band 45, Erste Ausgabe, Juni 2018, S. 185–207

86 David Bowie speaks to Jeremy Paxman on BBC Newsnight (1999), in: YouTube (Online), 11.01.2016, https://www.youtube.com/watch?v=FiK7s_0tGsg, (01.12.2019)

87 Horx, Matthias: »Der kurze Sommer der @anarchie«, in: Die Welt (Online), 24.03.2001, https://www.welt.de/print-welt/article441474/Der-kurze-Sommer-der-narchie.html, (29.11.2019)

88 Ott, Stephanie: »Amazon steigt zum wertvollsten Unternehmen der Welt auf«, in: Handelsblatt (Online), 07.01.2019, https://www.handelsblatt.com/unternehmen/it-medien/us-konzern-amazon-steigt-zum-wertvollsten-unternehmen-der-welt-auf/23837964.html, (29.11.2019)

89 Vgl. »Auf den Punkt gebracht: Was ist ein vollkommener Markt?«, in: MODU learn, https://www.modu-learn.de/verstehen/vwl/vollkommener-markt/, (27.12.2019)

90 Vgl. »BTE: Anzahl der Großunternehmen steigt«, in: TextilMitteilungen (Online), 10.05.2019, https://www.textilmitteilungen.de/news-handel-handel/bte-anzahl-der-grossunternehmen-steigt, (29.11.2019)

91 Müller, Jürgen: »Die Pleitewelle rollt«, in: Profashionals (Online), 01.02.2019, https://profashionals.de/2019/02/01/die-pleitewelle-rollt/. (01,11.2019)

92 Milligan, Ellen: »Web Retailers Should Pay Higher Taxes to Save U.K. Shops«, in: Bloomberg Quint (Online), 21.02.2019, https://www.bloombergquint.com/technology/u-k-report-says-internet-retailers-should-pay-higher-taxes (23.07.2020), (01.12.2019)

93 Howland, Daphne: »Losing to win: Why major retailers need to close more stores«, in: RetailDive (Online), 11.11.2019, https://www.retaildive.com/news/losing-to-win-why-major-retailers-need-to-close-more-stores/566692/, (01.12.2019)

94 In: ARD Tagesschau (Online), 28.04.2020, https://www.tagesschau.de/wirtschaft/corona-einzelhandel-105.html, (17.06.2020)

95 »The Crisis in Retailing: Closures and Job Losses«, in: Centre for Retail Research (Online), 31.03.2020, https://www.retailresearch.org/retail-crisis.html, (17.06.2020)

96 Unglesbee, Ben: »15K stores could permanently close in 2020, Coresight says«, in: Retail Dive (Online), https://www.retaildive.com/news/15k-stores-could-permanently-close-in-2020-coresight-says/574827/, (17.06.2020)

97 Vgl. Müller, Jürgen: »Die Stimmung vor Berlin«, in: Profashionals (Online), 28.06.2019, https://profashionals.de/2019/06/28/die-stimmung-vor-berlin/, (01.12.2019)

98 Hielscher, Henryk: »So zog der Online-Händler Millionensubventionen an Land«, in: WirtschaftsWoche (Online), 23.03.2015, https://www.wiwo.de/unternehmen/handel/zalando-so-zog-der-online-haendler-millionensubventionen-an-land/11532110.html, (01.12.2019)

99 Müller, Jürgen: »Wenn Farfetch an den Preisen schraubt«, in: Profashionals (Online), 26.04.2019, https://profashionals.de/2019/04/26/wenn-farfetch-an-den-preisen-schraubt/, (01.01.2020)

100 Kapalschinski, Christoph: »Sie sind zu alt, um das zu verstehen«, in: Handelsblatt (Online), 19.06.2014, https://www.handelsblatt.com/unternehmen/handel-konsumgueter/oliver-samwer-sie-sind-zu-alt-um-das-zu-verstehen/10069902.html, (01.12.2019)

101 Preuss, Simone: »Modehändler verzeichnen nach wie vor höchste Retourenquote – EHI Studie«, in: Fashion United (Online), 20.02.2018, https://fashionunited.de/nachrichten/einzelhandel/modehaendler-verzeichnen-nach-wie-vor-hoechste-retourenquote-ehi-studie/2018022024403, (20.01.2020)

102 Schiffer, Jessica: »The unsustainable cost of free returns«, in: Vogue Business (Online), 30.07.2019, https://www.voguebusiness.com/consumers/returns-rising-costs-retail-environmental, (02.11.2019)

103 Hunstig, Maria: »Internationalizing a concept like Urban Outfitters is three times the challenge«, in: Sportswear International (Online), 12.02.2019, https://www.sportswear-international.com/news/portrait/Interview-Internationalizing-a-concept-like-Urban-Outfitters-is-three-times-the-challenge–13943, (06.12.2019)

104 Arnett, George: »How luxury took over London's Bond Street«, in: Vogue Business (Online), 3.06.2019, https://www.voguebusiness.com/companies/how-luxury-took-over-bond-street-louis-vuitton-hermes-dior-loewe,(06.12.2019)

105 Vgl. Stephens, Doug: »A New Era of Retail Is Coming«, in: The Business Of Fashion (Online), 27.11.2017, https://www.businessoffashion.com/articles/opinion/why-mass-merchants-are-toxic-and-a-new-era-of-retail-is-coming, (06.12.2019)

106 Vgl. Barden, Phil: *Decoded*, 3. Auflage, Chichester: John Wiley & Sons, 2013, S. 111

107 Vgl. Koch, Christoph: »Wem gehört mein Auto?«, in: Brand Eins, 20. Jahrgang, Heft 07, Juli 2018, S. 106–109

108 Kelly, Kevin: »Better Than Owning«, in: KK* (Online), 21.09.2009, https://kk.org/thetechnium/better-than-own/, (29.12.2019)

109 Stallknecht, Michael: »In Vorleistung«, in: Süddeutsche Zeitung (Online), 09.10.2019, https://www.sueddeutsche.de/kultur/niedergang-des-klassikmarkts-in-vorleistung-1.4633157, 29.12.2019

110 Kelly, Kevin: »Better Than Owning«, in: KK* (Online), 21.09.2009, https://kk.org/thetechnium/better-than-own/, (29.12.2019)

111 Worchel, Stephen; Lee, Jerry; Adewole, Akanbi: »Effects of Supply and Demand on Ratings of Object Value«, in: American Psychological Association (Hrsg.), Journal of Personality and Social Psychology, 1975, Band 32, No. 5, S. 906–914

112 Weishaupt, Georg: »Todeskampf auf der Handelsfläche«, in: Handelsblatt (Online), 08.03.2017, https://www.handelsblatt.com/unternehmen/handel-kon-

sumgueter/modebranche-todeskampf-auf-der-handelsflaeche/19487202.html?ticket=ST-38645885-SgkrcdAA5ewvnjyF5Xih-ap6, (31.12.2019)

113 Frank, Robert: »Nike ›Waffle Shoe‹ sells for $475,500, becoming the most expensive sneakers ever auctioned«, in: CNBC (Online), 23.07.2019, https://www.cnbc.com/2019/07/23/nike-waffle-shoe-becomes-the-most-expensive-sneakers-ever-auctioned.html, (31.12.2019)

114 Davey, James: »Britain's Empty Shops Hits Highest Level Since 2015«, in: Reuters (Online), 12.08.2019, https://www.reuters.com/article/us-britain-retail/britains-empty-shops-hits-highest-level-since-2015-springboard-idUSKCN1V20JE, (01.12.2019)

115 Unsted, Sam: »›Dead Malls‹ Will Soon Be a Fixture in France, UBS Predicts«, in: Bloomberg (Online), 25.03.2019, https://www.bnnbloomberg.ca/dead-malls-will-soon-be-a-fixture-in-france-ubs-predicts-1.1234040, (01.11.2019)

116 Burfeind, Sophie: »Das Donut-Dilemma«, in: Brand Eins, 20. Jahrgang, Heft 07, Juli 2018, S. 131–132

117 Burfeind, Sophie: »Das Donut-Dilemma«, in: Brand Eins, 20. Jahrgang, Heft 07, Juli 2018, S. 131

118 Müller, Jürgen: @DHK: »Fantasie und Realität werden eins«, in: Profashionals (Online), 16.11.2017, https://profashionals.de/2017/11/16/dhk-kunden-vertrauen-daten/, (01.12.2019)

119 Horx, Matthias: »Der kurze Sommer der @anarchie«, in: Die Welt (Online), 24.03.2001, https://www.welt.de/print-welt/article441474/Der-kurze-Sommer-der-narchie.html, (29.11.2019)

120 Meghan McDowell: »The tech driving next-gen customer service«, in: Vogue Business (Online), 14.01.2020, https://www.voguebusiness.com/technology/cx-customer-service-ai-zendesk-kustomer-powerfront, (20.01.2020)

121 Vgl. Eggert, Ingo: »Legaler Lauschangriff«, in: Brand Eins (Online), Juni 2019, https://www.brandeins.de/magazine/brand-eins-wirtschaftsmagazin/2019/unabhaengigkeit/smartphones-legaler-lauschangriff, (30.12.2019)

122 Vgl. Stephens, Doug: »Is Surveillance the Future of Service?«, in: Business of Fashion (Online), 29.01.2019, https://www.businessoffashion.com/articles/opinion/is-surveillance-the-future-of-service, (08.01.2020)

123 Vgl. Weidemann, Tobias: »Warum Zalando plötzlich auf 200 Marketing-Spezialisten verzichtet«, in: T3N (Online), 12.03.2018, https://t3n.de/news/zalando-spart-200-mitarbeiter-jobs-individualisierung-981580/, (30.12.2019)

124 Wolchover, Natalie »Artificial Intelligence Will Do What We Ask. That's a Problem.«, in: QuantaMagazine (Online), 30.01.2020, https://www.quantamagazine.org/artificial-intelligence-will-do-what-we-ask-thats-a-problem-20200130/, (17.06.2020)

125 Vgl. »The scientific formula for predicting a hit song«, in: New Atlas (Online), 27.12.2011, https://newatlas.com/predicting-hit-songs/20939/, (30.12.2019)

126 Lyons, Nick: »The Sony Vision«, New York: Crown Publishers, 1976, S. 110

127 Carmichael, Evan: »Akio Morita Documentary – Sony's Success Story«, in: Video Explode (Online), 28.09.2010, https://www.vexplode.com/en/motivational/akio-morita-documentary-sonys-success-story-2/, (30.12.2019)

128 Ebd.

129 Vgl. Wolchover, Natalie: »Artificial Intelligence Will Do What We Ask. That's a Problem.«, in: QuantaMagazine (Online), 30.01.2020, https://www.quantamagazine.org/artificial-intelligence-will-do-what-we-ask-thats-a-problem-20200130/, (17.06.2020)

130 Vgl. Hölter, Katharina: »Handys um den Hals: Wie diese Berliner Mutter aus Versehen einen Modetrend erfand«, in: Bento (Online), 24.07.2018, https://www.bento.de/style/durchsichtige-handy-huelle-zum-umhaengen-diese-geschichte-steckt-hinter-dem-trend-a-00000000-0003-0001-0000-000002633247, (31.12.2019)

131 Vgl. Rosch, Eleanor: »On the internal structure of perceptual and semantic categories«, in: Timothy. E. Moore (Hrsg.), Cognitive Development and the Acquisition of Language, Cambridge: Academic Press, 1973, S. 111–144

132 Vgl. Kuch, Christoph: *Sei nicht abergläubisch, das bringt Unglück! Die Psychologie des Unglaublichen,* München: Knaur Verlag, 2014, S. 20–21

133 Vgl. Brynjolfsson, Erik; Smith, Michael D.; Hu, Yu Jeffrey: »Consumer Surplus in the Digital Economy: Estimating the Value of Increased Product Variety at Online Booksellers«, in: SSRN (Online), 01.06.2003, https://papers.ssrn.com/sol3/papers.cfm?abstract_id=400940, (24.01.2020)

134 Vgl. Ramge, Thomas: »Einfalt trotz Vielfalt«, in Brand Eins (Online), Januar 2020, https://www.brandeins.de/magazine/brand-eins-wirtschaftsmagazin/2020/eigensinn/internet-einfalt-trotz-vielfalt, (24.01.2020)

135 Vgl. Cochrane, Lauren: »Clickbait fashion! You won't believe what brands are doing now«, in: The Guardian (Online), 15.05.2019, https://www.theguardian.com/fashion/2019/may/15/clickbait-fashion-you-wont-believe-what-brands-are-doing-now, (10.01.2020)

136 Vgl. McCracken, Grant: *Culture and Consumption: A Theoretical Account of the Structure and Movement of the Cultural Meaning of Consumer Goods,* Bloomington (IN): Indiana University Press, 1988, S. 64 ff

137 Vgl. Gergen, J. Kenneth: *The Saturated Self: Dilemmas of Identity in Contemporary Life,* New York: Basic Books, 1991, S. 150

138 Vgl. Ives, Bill: »A Study of Social Media Addiction from Retrevo«, in: Social Media Today (Online), 29.10.2009, https://www.socialmediatoday.com/content/study-social-media-addiction-retrevo, (01.01.2020)

139 McSpadden, Kevin: »You Now Have a Shorter Attention Span Than a Goldfish«, in: Time (Online), 14.05.2015, https://time.com/3858309/attention-spans-goldfish/, (01.01.2020)

140 Reckwitz, Andreas: *Die Gesellschaft der Singularitäten*, Berlin: Suhrkamp Verlag, 2017, S. 295

141 Ebd.

142 Ebd.

143 »Instagram Rich List 2019«, in: Hopper HQ (Online), https://www.hopperhq.com/blog/instagram-rich-list/, (01.01.2020)

144 Tinubu, Abeni: »Kylie Jenner Credits This Person For The Success Of Kylie Cosmetics, in CheatSheet« (Online), 12.07.2019, https://www.cheatsheet.com/entertainment/kylie-jenner-success-kylie-cosmetics.html/, (01.01.2020)

145 Townsend, Matthew: »Influencer Nation: 86 % of Young Americans Want to Become One«, in: »Bloomberg (Online)«, 05.11.2019, https://www.bloomberg.com/news/articles/2019-11-05/becoming-an-influencer-embraced-by-86-of-young-americans, (02.01.2020)

146 Bosch, Aida; Eck, Emanuel; Hipperli, Rebecca: »Die Kinder von Merkel und Instagram«, in: FAZ (Online), 12.04.2018, https://www.faz.net/aktuell/stil/quarterly/die-kinder-von-merkel-und-instagram-15535334.html, (01.01.2020)

147 Bosch, Aida; Eck, Emanuel; Hipperli, Rebecca: »Die Kinder von Merkel und Instagram«, in: FAZ (Online), 12.04.2018, https://www.faz.net/aktuell/stil/quarterly/die-kinder-von-merkel-und-instagram-15535334.html, (01.01.2020)

148 Ebd.

149 Kalka, Jochen: »Stephan Grünewald: Affekt-Masturbation in den sozialen Medien«, in: W&V (Online), 24. September 2018, https://www.wuv.de/marketing/stephan_gruenewald_affekt_masturbation_in_den_sozialen_medien, (01.01.2020)

150 Eggler, Anitra: *Mail halten!*, Frankfurt a.M., Campus Verlag, 2017, S. 14

151 Grünewald, Stephan: »Der digitale App-Solutismus«, in: Horizont (Online), 15.06.2015, https://www.horizont.net/planung-analyse/nachrichten/Der-digitale-App-Solutismus-156187, (28.01.2020)

152 Wichert, Silke: »Im Kaufrausch«, in: Süddeutsche Zeitung Magazin (Online), 11.09.2016, https://sz-magazin.sueddeutsche.de/gesellschaft-leben/im-kaufrausch-82809, (01.01.2020)

153 Kroker, Michael: »Erstmals mehr als 3,5 Milliarden Nutzer von Social Media«, in: Wirtschaftswoche, 29.07.2019, https://blog.wiwo.de/look-at-it/2019/07/29/erstmals-mehr-als-35-milliarden-nutzer-von-social-media-plus-8-prozent-seit-mitte-2018/, (01.01.2020)

154 Alter, Adam: *Unwiderstehlich*, München: Berlin Verlag, 2018, S. 35

155 Ives, Bill: »A Study of Social Media Addiction from Retrevo«, in: Social Media Today (Online), 29.10.2009, https://www.socialmediatoday.com/content/study-social-media-addiction-retrevo, (01.01.2020)

156 Eggler, Anitra: *Mail halten!*, Frankfurt a. M., Campus Verlag, 2017, S. 248

157 Vgl. Alter, Adam: *Unwiderstehlich*, München: Berlin Verlag, 2018, S. 75–77

158 Prickett, Sarah Nicole: »Look Out, It's Instagram Envy«, in: New York Times (Online), 06.11.2013, https://www.nytimes.com/2013/11/06/t-magazine/sign-of-the-times-look-out-its-instagram-envy.html, (01.01.2020)

159 Vgl. Kent, Sarah; Guilbault, Laure: »La Perla to List in Paris«, in: Business of Fashion (Online), 04.09.2019, https://www.businessoffashion.com/articles/news-analysis/la-perla-to-list-in-paris, (03.01.2020)

160 Vgl. Sherman, Lauren: »Rimowa Turned Luggage Into a Status Symbol«, in: Business of Fashion, 17.10.2019, https://www.businessoffashion.com/articles/professional/rimowa-fashion-lvmh, (03.01.2020)

161 Vgl. Hope, Emma: »The Dark Side of Social Media«, in: Business of Fashion, 30.05.2018, https://www.businessoffashion.com/articles/opinion/op-ed-the-dark-side-of-social-media, (03.01.2020)

162 Kozlowska, Hanna: »Shoppers are buying clothes just for the Instagram pic, and then returning them«, in: Quartz (Online), 13.08.2018, https://qz.com/quartzy/1354651/shoppers-are-buying-clothes-just-for-the-instagram-pic-and-then-return-them/, (01.01.2020)

163 Chou, Hui-Tzu Grace; Edge, Nicholas: »›They are happier and having better lives than I am‹: the impact of using Facebook on perceptions of others' lives«, in: US National Library of Medicine National / Institutes of Health (Online), Februar 2012, https://www.ncbi.nlm.nih.gov/pubmed/22165917, (03.01.2020)

164 Bosch, Aida; Eck, Emanuel; Hipperli, Rebecca: »Die Kinder von Merkel und Instagram«, in: FAZ (Online), 12.04.2018, https://www.faz.net/aktuell/stil/quarterly/die-kinder-von-merkel-und-instagram-15535334.html, (01.01.2020)

165 Vgl. Hoffower, Hillary: »There's a direct link between the cost of a luxury-goods product and the size of its logo, but it's not what you expect«, in: Business Insider, 26.05.2019, https://www.businessinsider.com/discreet-wealth-logos-status-symbols-cost-louis-vuitton-goyard-2019-5?r=DE&IR=T, (04.01.2020)

166 Vgl. Jee Han, Young; Nunes, Joseph C.; Drèze, Xavier: »Signaling Status with Luxury Goods: The Role of Brand Prominence«, in: Academia (Online), Juli 2010, https://www.academia.edu/4768441/Young_Signaling_Status_with_Luxury_Goods_The_Role_of_Brand_Prominence, (04.01.2020)

167 Vgl. DeLeon, Jian: »Survey Says, Quarantine Might Make Our Generation

Immune to Hype«, in: Highsnobiety (Online), 16.04.2020, https://www.highsnobiety.com/p/hype-generation-quarantine/, (19.06.2020)

168 Bourdieu, Pierre: *Die verborgenen Mechanismen der Macht*, Hamburg: VSA Verlag, 1992, S. 49–80

169 Weis, Diana: »Wir lachen uns tot«, in: Zeit (Online), 19.02.2018, https://www.zeit.de/zeit-magazin/leben/2018-01/fotografie-lachen-kamera-pose-unnatuerlich-laecheln, (01.01.2020)

170 Weis, Diana: »Wir lachen uns tot«, in: Zeit (Online), 19.02.2018, https://www.zeit.de/zeit-magazin/leben/2018-01/fotografie-lachen-kamera-pose-unnatuerlich-laecheln, (01.01.2020)

171 Ewert, Laura: »Instagram macht uns alle zu Psychopathen«, in Welt (Online), 17.03.2015, https://www.welt.de/kultur/medien/article138471077/Instagram-macht-uns-alle-zu-Psychopathen.html, (04.01.2020)

172 Bobila, Maria: »The line between social media and e-commerce is beginning to disappear«, in: Fashionista (Online), 09.04.2019, https://fashionista.com/2019/04/social-commerce-online-shopping, (10.01.2020)

173 Schofield, Philip: »Two fifths of millennials choose their holiday destination based on how ›Instagrammable‹ the holiday pics will be«, in Schofield (Online), 03.04.2017, https://www.schofields.ltd.uk/blog/author/phil/, (04.01.2020)

174 Millennials, »Fueling the Experience Economy«, in: Eventbrite (Online), Juli 2014, https://eventbrite-s3.s3.amazonaws.com/marketing/Millennials_Research/Gen_PR_Final.pdf, (04.01.2020)

175 Wiebking, Jennifer: »Heute sehen alle gleich aus«, in: Frankfurter Allgemeine Zeitung (Online), 15.04.2019, https://www.faz.net/aktuell/stil/mode-design/im-interview-modeikone-iris-apfel-ueber-individualitaet-16138241.html, (04.01.2020)

176 Ewert, Laura: »Instagram macht uns alle zu Psychopathen«, in Welt (Online), 17.03.2015, https://www.welt.de/kultur/medien/article138471077/Instagram-macht-uns-alle-zu-Psychopathen.html, (04.01.2020)

177 Bosch, Aida; Eck, Emanuel; Hipperli, Rebecca: »Die Kinder von Merkel und Instagram«, in: FAZ (Online), 12.04.2018, https://www.faz.net/aktuell/stil/quarterly/die-kinder-von-merkel-und-instagram-15535334.html, (01.01.2020)

178 Rose, Laura: »Daring celebrity haircuts to try for spring«, in: she knows (Online), 03.04.2013, https://www.sheknows.com/living/articles/1013805/celebrity-haircuts-to-try-for-spring/, (04.01.2020)

179 Vgl. Tolentino, Jia: »The age of Instagram face«, in: The New Yorker (Online), 12.12.2019, https://www.newyorker.com/culture/decade-in-review/the-age-of-instagram-face, (05.01.2020)

180 Schramm, Stefanie; Wüstenhagen, Claudia: »Die tägliche Verführung«,

in: Zeit (Online), 10.04.2012, https://www.zeit.de/zeit-wissen/2012/03/Werbung-Manipulation-Kaufrausch, (05.01.2020)

181 Barden, Phil: *Decoded*, 3. Auflage, Chichester: John Wiley & Sons, 2013, S. 98–99

182 Obsoleszenz, in: Wikipedia (Online), https://de.wikipedia.org/wiki/Obsoleszenz, (05.01.2020)

183 Vgl. Wahnbaeck, Carolin; Groth, Hanno: »Wegwerfware Kleidung, Repräsentative Greenpeace-Umfrage zu Kaufverhalten, Tragedauer und der Entsorgung von Mode«, in: Greenpeace (Online), November 2015, https://www.greenpeace.de/sites/www.greenpeace.de/files/publications/20151123_greenpeace_modekonsum_flyer.pdf, (05.01.2020)

184 Psychische Obsoleszenz, in: Stangl Lexikon für Psychologie und Pädagogik (Online), https://lexikon.stangl.eu/9181/psychische-obsoleszenz/, (05.01.2020)

185 Wahnbaeck, Carolin; Groth, Hanno: »Wegwerfware Kleidung, Repräsentative Greenpeace-Umfrage zu Kaufverhalten, Tragedauer und der Entsorgung von Mode«, in: Greenpeace (Online), November 2015, https://www.greenpeace.de/sites/www.greenpeace.de/files/publications/20151123_greenpeace_modekonsum_flyer.pdf, (05.01.2020)

186 Vgl. Kozlowska, Hanna: »Shoppers are buying clothes just for the Instagram pic, and then returning them«, in: Quartz (Online), 13.08.2018, https://qz.com/quartzy/1354651/shoppers-are-buying-clothes-just-for-the-instagram-pic-and-then-return-them/, (01.01.2020)

187 Vgl. Paton, Elizabeth; Lorenz, Taylor; Kwai, Isabella: »What Do Gen Z Shoppers Want? A Cute, Cheap Outfit That Looks Great on Instagram«, in: New York Times (Online), 17.12.2019, https://www.nytimes.com/2019/12/17/style/fast-fashion-gen-z.html, (06.01.2020)

188 Wahnbaeck, Carolin; Groth, Hanno: »Wegwerfware Kleidung, Repräsentative Greenpeace-Umfrage zu Kaufverhalten, Tragedauer und der Entsorgung von Mode«, in: Greenpeace (Online), November 2015, https://www.greenpeace.de/sites/www.greenpeace.de/files/publications/20151123_greenpeace_modekonsum_flyer.pdf, (05.01.2020)

189 Obsoleszenz, in: Wikipedia (Online), https://de.wikipedia.org/wiki/Obsoleszenz, (06.01.2020)

190 Vgl. Slade, Giles: *Made to Break*, London: Harvard University Press, 2006, S. 33

191 Henkel, Regina: »Recycling am Limit: Die Altkleiderbranche erstickt im Textilmüll«, in: Fashion United, 22.06.2019, https://fashionunited.de/nachrichten/business/recycling-am-limit-die-altkleiderbranche-erstickt-im-textilmuell/2019052231946, (06.01.2020)

192 Leonard, Annie: »The Story Of Stuff«, in: YouTube (Online), 04.12.2007, https://www.youtube.com/watch?v=9GorqroigqM, (28.01.2020)

193 Vgl. Bigalke, Silke: »Wenn Besitz zur Last wird«, in: Süddeutsche Zeitung (Online), 26.04.2011, https://www.sueddeutsche.de/leben/moderne-sammelwut-wenn-besitz-zur-last-wird-1.1089089, (06.01.2020)

194 Brodtmann, Kim: »Selfstorage ist eine Boom-Branche«, in: Cash. (Online), 05.10.2015, https://www.cash-online.de/immobilien/2015/selfstorage/279194/2#, (06.01.2020)

195 Kern, Stefan: »Wie viel ist genug?«, in: Rhein Neckar Zeitung (Online), 26.04.2014, https://www.rnz.de/panorama/magazin_artikel,-Magazin-Wie-viel-ist-genug-_arid,20959.html, (06.01.2020)

196 Fujikawa, Megumi: »Marie Kondo Says You Can Have More Than 30 Books, Just Wake Them Up First«, in: Wall Street Journal (Online), 01.02.2019, https://www.wsj.com/articles/marie-kondo-says-you-can-have-more-than-30-books-just-wake-them-up-first-11549008700, (06.01.2020)

197 Schmich, Mary: »Wear Sunscreen«, in: Chicago Tribune (Online), 01.06.1997, https://www.tribpub.com/gdpr/chicagotribune.com/, (11.12.2019)

198 Steinlein, Christina: »CO_2-Emissionen pro Bundesbürger«, in: Focus (Online), 01.12.2011, https://www.focus.de/wissen/klima/weltklimakonferenz_2011/tid-24333/co2-emissionen-pro-bundesbuerger-ein-durchschnittliches-deutsches-klimaschwein_aid_689366.html, (07.01.2020)

199 Monbiot, George: »The natural world can help save us from climate catastrophe«, The Guardian (Online), 03.04.2019, https://www.theguardian.com/commentisfree/2019/apr/03/natural-world-climate-catastrophe-rewilding, (07.01.2020)

200 »In Deutschland werden 320.000 Kaffeebecher weggeworfen – jede Stunde.«, in: Spiegel (Online), 21.05.2019, https://www.spiegel.de/wissenschaft/natur/plastik-einwegbecher-sollen-teurer-werden-a-1268533.html, (05.01.2020)

201 Nace, Trevor: »We're Now At A Million Plastic Bottles Per Minute – 91% Of Which Are Not Recycled«, in: Forbes (Online), 26.07.2017, https://www.forbes.com/sites/trevornace/2017/07/26/million-plastic-bottles-minute-91-not-recycled/?utm_source=TUMBLR&utm_medium=social&utm_term=Malorie%2F#429b6298292c, (05.01.2020)

202 Vgl. Oberhuber, Nadine: »Unser absurder Konsum«, in: Zeit (Online), 12.07.2016, https://www.zeit.de/wirtschaft/2016-07/zufriedenheit-konsum-sharing-hartmut-rosa, (30.11.2019)

203 Interview: »Das ökologische Versteckspiel aufdecken!«, in: ÖkologiePolitik (Online), 5. März 2019, https://www.oekologiepolitik.de/2019/03/05/interview-das-oekologische-versteckspiel-aufdecken/, (07.01.2020)

204 Steinlein, Christina: »CO_2-Emissionen pro Bundesbürger«, in: Focus (Online), 01.12.2011, https://www.focus.de/wissen/klima/weltklimakonferenz_2011/tid-24333/co2-emissionen-pro-bundesbuerger-ein-durchschnittliches-deutsches-klimaschwein_aid_689366.html, (07.01.2020)

205 Bilstein, Frank: »Ehrlich machen und los!«, in: Kearney (Online), 5.11.2019, https://www.wir-sind-mutmacher.com/tell/klimamutmacher, (10.01.2020)

206 Ebd.

207 Ebd.

208 Vgl. Bergl, Skylar: »Tracking my purchases made me a more conscious consumer«, in: Fashionista (Online), 07.01.2020, https://fashionista.com/2020/01/tracking-shopping-purchases-conscious-consumer, (08.01.2020)

209 Vgl. Barden, Phil: *Decoded*, 3. Auflage, Chichester: John Wiley & Sons, 2013, S. 130–131

210 Ebd., S. 135–136

211 Schramm, Stefanie; Wüstenhagen, Claudia: »Die tägliche Verführung«, in: Zeit (Online), 10.04.2012, https://www.zeit.de/zeit-wissen/2012/03/Werbung-Manipulation-Kaufrausch, (05.01.2020)

212 Barden, Phil: *Decoded*, 3. Auflage, Chichester: John Wiley & Sons, 2013, S. 105

213 Postinett, Axel: »Adidas läuft Nike den Rang ab«, in: Wirtschaftswoche (Online), 04.04.2017, https://www.wiwo.de/unternehmen/handel/sportmarke-adidas-laeuft-nike-den-rang-ab/19609982.html, (08.01.2020)

214 »G20 Leaders in Consumption« in: Global Slavery Index (Online), 2018, www.globalslaveryindex.org/2018/findings/highlights/, (02.05.2021)

215 »G20 Leaders in Consumption« in: Global Slavery Index (Online), 2018, www.globalslaveryindex.org/2018/findings/highlights/, (02.05.2021)

216 »Landgericht Dortmund weist Klage gegen KiK ab«, in: Zeit (Online), 10.01.2019, https://www.zeit.de/wirtschaft/unternehmen/2019-01/fabrik brand-pakistan-kik-landgericht-dortmund, (08.01.2020)

217 Kent, Sarah: »Why Fashion Doesn't Pay Fair«, in: The Business of Fashion (Online), 02.05.2019, https://www.businessoffashion.com/articles/news-analysis/why-fashion-doesnt-pay-fair, (29.11.2019)

218 Barden, Phil: »Decoded«, 3. Auflage, Chichester: John Wiley & Sons, 2013, S. 90–91

219 van den Bergh, Bram; Griskevicius, Vladas; Tybur, Joshua M.: »Consumer choices: Going green to be seen«, in: Rotterdam School of Management Erasmus University (Online), 01.02.2014, https://discovery.rsm.nl/articles/detail/37-consumer-choices-going-green-to-be-seen/, (08.01.2020)